高等院校医学实验教学系列教材

无机化学实验

主　编　陆家政
副主编　李雪华　赵　平
编　委　（按姓氏笔画排序）

石松利	包头医学院	苟宝迪	北京大学医学部
叶建涛	中山大学	范荣华	沈阳医学院
由丽梅	牡丹江医学院	周昊霏	内蒙古医科大学
李　容	右江民族医学院	赵　平	广东药科大学
李君君	广东药科大学	赵力民	广东药科大学
李雪华	广西医科大学	施伟梅	赣南医学院
李福森	广西医科大学	姚华刚	广东药科大学
杨小丽	长治医学院	姚秀琼	广东药科大学
何　娟	广东药科大学	徐恒瑰	大连医科大学
何丽新	广东药科大学	黄　静	广西医科大学
张丽萍	山西医科大学	蒋　京	广东药科大学
陆家政	广东药科大学	曾宪栋	广东药科大学
陈　菲	广东药科大学	曾琦华	广东药科大学
陈志琼	重庆医科大学	管小艳	广东药科大学
陈思羽	石河子大学		

科学出版社
北　京

内 容 简 介

本书为《无机化学》（案例版）的配套实验教材，主要作为高等院校无机化学实验课程教材使用。本书内容包括三个部分：第一部分（第一章）为无机化学实验基础知识，主要介绍无机化学实验的目的，化学实验室规则、安全守则和意外事故的处理，实验室"三废"物质的处理，实验数据处理，化学实验常用仪器和基本操作；第二部分（第二至第五章）选编了基础无机化学实验、重要元素及其化合物性质验证性实验、无机化合物制备实验和综合及设计型实验共 29 个实验；第三部分为附录，主要收录了国际单位制的基本单位、常见酸碱溶液的相对密度和浓度、我国化学试剂的等级和常用酸碱指示剂等。

本书可供高等院校的化学、医药、检验、化工、生物工程、食品、环保、材料等专业的教师和学生使用，也可供从事无机化学实验的相关人员参考。

图书在版编目(CIP)数据

无机化学实验 / 陆家政主编. —北京：科学出版社，2016.6
 ISBN 978-7-03-048861-9

Ⅰ. ①无⋯ Ⅱ. ①陆⋯ Ⅲ. ①无机化学–化学实验–高等学校–教材 Ⅳ. ①O61-33

中国版本图书馆 CIP 数据核字（2016）第 134122 号

责任编辑：胡治国 / 责任校对：王晓茜
责任印制：赵 博 / 封面设计：陈 敬

版权所有，违者必究。未经本社许可，数字图书馆不得使用

科学出版社 出版
北京东黄城根北街 16 号
邮政编码：100717
http://www.sciencep.com

北京建宏印刷有限公司印刷
科学出版社发行 各地新华书店经销

*

2016 年 6 月第 一 版 开本：720×1000 1/16
2025 年 7 月第七次印刷 印张：9 1/4
字数：178 000
定价：38.00 元
（如有印装质量问题，我社负责调换）

前　言

　　无机化学实验是医药类、化学化工、农林、食品和生命科学（本科）院校无机化学课程的重要组成部分，对加强学生无机化学基础知识和基本理论的认识和理解，培养学生发现问题、分析问题和解决问题的能力以及培养学生良好的实验习惯和独立动手能力等方面具有重要的意义。编者在多年教学实践的基础上，为适应无机化学实验教学内容和教学改革的需要，组织了（排名按教材编写出现先后顺序）广东药科大学、广西医科大学、重庆医科大学、长治医学院、内蒙古医学院、沈阳医学院、牡丹江医学院、大连医科大学、赣南医学院、右江民族医学院、内蒙古医科大学、山西医科大学、北京大学医学部、石河子大学和中山大学等众多院校教学第一线的中、青年教师共同编写完成本书。

　　本书根据目前很多高校相关专业"无机化学"教学学时数的实际情况，进一步精选实验内容，削减验证性实验，增加综合性、设计性、研究性实验和微型化学实验内容。在内容编写上遵循由基础、验证、制备到综合及设计型实验的原则，注重学生分析解决问题和创新能力的培养。另外，删去了部分危险性较大或者可能与后续其他化学课程重复的化学原理实验，努力做到实验原理简明扼要，实验内容反映不同学科无机化学实验课的特点。每个实验设有"思考题与讨论"帮助学生在实验前更好地理解实验原理，把握实验重点，抓住实验关键，在实验后分析实验现象和实验结果，深入思考并进一步扩展知识。本书可与主教材配套使用，也可单独作为无机化学实验教材使用；既体现新的实验教学改革的成果，又可根据本校各专业的特点灵活调整教学内容，更利于学生的学习与教师的课堂教学，不断提高无机化学实验的教学水平。

　　本书内容共分为三部分：第一部分即第一章无机化学实验基础知识，主要介绍无机化学实验的目的、要求和常见事故处理，以及无机化学实验室基本常识、无机化学基本实验仪器和基本操作；第二部分包括第二章到第五章，选编了基本操作、验证性实验、常数测定与物质组成测定实验、无机化合物制备实验和综合性与设计型实验共 29 个实验；第三部分为附录，主要收录了常用试剂、指示剂和缓冲溶液等的配制方法。其中第一章的第一至第四节、实验十九由赵平编写；第五节由李雪华和黄静共同编写；实验一、二十七由陆家政编写；实验二由李福森编写；实验三由姚秀琼编写；实验四由曾琦华编写；实验五由何娟编写；实验六由陈志琼编写；实验七由杨小丽编写；实验八由曾宪栋编写；实验九由石松利编写；实验十由陈菲编写；实验十一由范荣华编写；实验十二由由丽梅编写；实验十三由徐恒瑰编写；实验十四由李君君编写；实验十五由管小艳编写；实验十六由施伟梅编写；实验十七由何丽新编写；实验十八由蒋京编写；实验二十由赵力民编写；实验二十一由李容编写；实验二十二由周昊霏编写；实验二十三由张丽萍编写；实验二十四由姚华刚编写；实验二十五由黄静编写；实验二十六由苟宝迪编写；实验二十八由陈思羽编写；实验二十九由叶建涛编写。

全书由陆家政统稿；李雪华、赵平审稿；陈菲、曾宪栋校对。本书的编写还得到了广东药科大学教务处的支持和帮助，在此一并表示感谢。

本书编写参考了部分国内外正式出版的高等院校有关的实验教材和著作，并吸收了其中一些优秀的实验内容，在此，特向有关教材的作者以及出版社表示衷心的感谢。

由于水平有限，书中难免存在疏漏和不妥之处，敬请同行和读者们批评指正。

编　者
2016 年 4 月

目 录

第一章 绪论···1
第一节 无机化学实验的目的和学习要求···1
第二节 实验室基本知识··2
第三节 实验数据处理···6
第四节 实验结果的表达及化学实验报告的书写方法······································9
第五节 实验基本操作··12

第二章 基础无机化学实验···46
实验一 基本操作训练··46
实验二 常见溶液的配制···47
实验三 弱电解质解离和沉淀溶解平衡··50
实验四 氧化还原反应··53
实验五 分光光度法测定碘化铅溶度积常数···56
实验六 银氨配离子配位数及稳定常数的测定··59
实验七 乙酸解离度和解离常数的测定··62
实验八 配位化合物的制备和性质··66

第三章 重要元素及其化合物的性质··70
实验九 碱金属、碱土金属··70
实验十 卤素···75
实验十一 氧、硫···79
实验十二 氮、磷···80
实验十三 铬、锰、铁、钴、镍··84
实验十四 铜、银、锌、镉、汞··90

第四章 无机化合物的制备···94
实验十五 粗食盐的提纯和检验··94
实验十六 微型实验Ⅰ(硫酸铜的提纯)···97
实验十七 微型实验Ⅱ(硫酸亚铁铵的制备)···99
实验十八 硝酸钾的制备、提纯和溶解度测定···101

实验十九　氯化铵的制备及药检 ································· 104
　　实验二十　由锌焙砂制备硫酸锌及其含量的测定 ················ 107
　　实验二十一　利用废铁屑制备三氯化铁 ························· 109
第五章　综合及设计型实验 ·· 111
　　实验二十二　尿液中常见无机离子的检测(pH、SO_4^{2-}、Cl^-、NO_2^-等)······ 111
　　实验二十三　矿物药鉴别(定性鉴别3种) ······················· 113
　　实验二十四　磺基水杨酸铁(Ⅲ)配合物的制备及稳定常数的测定······ 115
　　实验二十五　高锰酸钾的制备和含量测定 ······················· 118
　　实验二十六　药用植物体中某些元素的鉴定(Ca、Mg、Al、Fe等)······ 122
　　实验二十七　四苯基卟啉及其锌、铜配合物的合成 ··············· 124
　　实验二十八　水的纯化及其纯度检测 ··························· 126
　　实验二十九　二氯化一氯·五氨合钴(Ⅲ)的制备、水合反应速率常数和活
　　　　　　　　化能的测定 ··· 129
参考文献 ·· 133
附录 ··· 134

第一章 绪 论

第一节 无机化学实验的目的和学习要求

无机化学是一门以实验科学为主的基础课程，而实验又是化学研究的基础，它除了对化学理论进行验证外，还通过实验中的新发现、新问题，不断地充实化学理论，促进化学理论的发展。对于化学化工专业的学生来说，无机化学实验则是所有化学课程中最基础的课程之一，因为这门课程与无机化学理论课程对其他化学基础及专业课，甚至以后参与实际工作和科学研究都发挥着极其重要的作用。因此，开展无机化学实验课无疑是培养学生独立操作、观察记录、分析归纳、撰写报告等多方面能力的重要环节。

一、无机化学实验的目的

1. 通过亲自动手做实验，培养学生对实验现象的观察和分析能力，加深其对化学元素及其化合物的认识和掌握，进一步理解物理性质和物理结构的关系、化学反应速率和化学热力学原理，以及酸碱平衡、沉淀溶解平衡、氧化还原平衡和配位平衡对化学反应的影响。

2. 掌握物质变化的感性知识，掌握重要化合物的制备、分离和分析方法，加深对基本原理和基本知识的理解，培养用实验方法获取新知识的能力；并了解实验室工作的有关知识，如实验室试剂与仪器的管理、实验可能发生的一般事故及对实验室废液的处理等。

3. 使学生通过系统的学习、实践，正确地掌握化学实验的基本操作技能，正确使用常规仪器，获得准确的实验数据，并学会科学地整理、分析和归纳实验结果。

4. 让学生通过科学、规范的实验操作，培养他们认真、严谨的工作作风；通过对实验现象的细致观察和对实验数据的准确记录，培养学生实事求是的科学工作态度和习惯，更可以让学生通过分析、处理实验结果，以及解决一些实际问题(如疑难问题、异常现象、实验失败等)，训练他们发现问题、独立思考、独立分析和解决问题的能力；通过进行综合性、研究性、设计性实验来独立获取知识、运用知识解决问题。

二、无机化学实验的学习方法

要学好无机化学实验并达到实验的目的，必须有正确的学习态度和良好的学习方法，并且做到：

1. 实验前认真预习，查阅有关原料和产物的物理常数，明确实验目的要求，了解实验步骤、方法、注意事项和基本原理，做到心中有数，有条不紊地做好实验。

2. 预习时，根据实验内容，先写好实验报告的部分内容，划好表格，绘好实验装置图，以便实验时及时、准确地记录实验现象和有关数据，并进行数据处理。

3. 实验开始前先清点仪器设备，如发现缺损，应立即报告教师(或实验室工作人员)，并按规定手续向实验员补领。实验中如有仪器破损，应及时报告并按规定手续向实验员换取新仪器。

4. 实验时应保持肃静，集中精力，认真操作，仔细观察实验现象，如实记录实验结果，积极思考问题，并运用所学理论解释实验现象，研究实验中的问题。

5. 实验时应保持实验室和桌面的整洁。实验中的废弃物应倒入废液缸中并分类处理，严禁投入或倒入水槽内，以防水槽和下水管堵塞或腐蚀。

6. 实验时要爱护国家财产，注意节约水、电、试剂。按照化学实验基本操作规定的方法取用试剂。必须严格按照操作规程使用精密仪器，如发现仪器有故障，应立即停止使用，并及时报告指导教师。

7. 实验室内的一切物品(仪器、试剂和产品)均不得带出实验室。

8. 实验完毕，将玻璃仪器洗涤干净放回原处，整理桌面，打扫水槽和地面卫生。

9. 实验结束后，认真地写好实验报告，对于实验中出现的现象和问题进行认真讨论。

第二节 实验室基本知识

一、化学实验室规则

进行化学实验会接触许多化学试剂和仪器，其中包括一些有毒、易燃、易爆、有腐蚀性的试剂以及玻璃器皿、电气设备、加压和真空器具等。若不按照使用规则进行操作就可能发生中毒、火灾、爆炸、触电或仪器设备损坏等危险事故。为了实现预期的教学目标而又不造成国家财产的损失和人身健康的损害，进行化学实验必须要严格遵守必要的安全规则。

1. 实验前应认真做好预习，明确实验目的，了解实验内容及注意事项，写出预习报告。

2. 实验前做好准备工作，清点仪器(缺损时报告教师，按规定手续补领)。实验过程中若仪器损坏也应按规定向实验室准备室换领，并按规定适当赔偿。

3. 实验时保持肃静，思想集中，认真操作；仔细观察实验现象，如实地记录并积极思考问题。

4. 水、电、煤气一经使用完毕就应立即关闭，严禁在实验室内吸烟、饮食、大声喧哗、打闹。

5. 一切涉及有毒或有刺激性的气体的实验都应在通风橱内进行，嗅闻气体时，应用手轻拂气体，把少量气体扇向自己再闻，不能直嗅瓶口。

6. 保持实验室和台面清洁、整齐，不能随意乱扔物品，更不能倒入水槽中，应倒在指定的地方，以免水槽或下水道堵塞、腐蚀或发生意外事故。

7. 绝对不允许任意混合各种化学药品，以免发生意外事故。浓酸、浓碱具有强腐蚀性，切勿溅在皮肤或衣服上，眼睛更应密切注意。稀释它们时(特别是浓硫酸)，应将它们慢慢倒入水中，并不断搅拌，而不能相反进行，以避免迸溅。

8. 有毒药品(如重铬酸钾、钡盐、铅盐、砷的化合物、汞的化合物，特别是氰化物)不得进入口内或接触伤口，剩余的废液也不能随便倒入下水道，应倒入废液缸中。

9. 加热试管时，不要将管口对着自己或别人，更不能俯视正在加热的液体，以免液体溅出而烫伤。

10. 将玻璃管、温度计、漏斗等插入橡皮塞(或软木塞)时，应涂以水或甘油等润滑剂，并用布垫好，以防玻璃管破碎而被刺伤。操作时应手持塞子的侧面，切勿将塞子握在手掌中。

11. 实验结束后将玻璃仪器洗净并放回原处，整理好桌面，经指导教师批准后方可离开。

12. 每次实验后应安排学生轮流值日，负责整理公用物品、仪器，打扫卫生，清洁实验后的废物；检查水电气开关是否已关闭，门窗关好。

13. 不得携带实验室一切物品(包括仪器、药品、产物等)至室外，应将用剩的药品交还给教师。

二、安全守则及意外事故处理

(一)安全守则

1. 熟悉实验室环境，了解煤气总阀、电源、急救箱和消防器的位置及使用方法。

2. 所有易燃物、易爆品的操作应远离火源；严禁用火焰或电炉等明火直接加热易燃液体；严禁用手直接接触化学用品，特别是有强腐蚀性的试剂，如强酸、强碱、强氧化剂等。

3. 遇有烫伤事故，可用高锰酸钾或苦味酸溶液擦洗烫伤处，再涂上凡士林或烫伤膏；若遇酒精、苯或乙醚等着火时，应立即用湿布或砂土等灭火，火势大时可用泡沫灭火器。

4. 若眼睛或皮肤溅上强酸或强碱，应立即用大量水冲洗，然后再用碳酸氢钠或硼酸溶液冲洗。

5. 若吸入氯气、氯化氢等有毒气体，可立即吸入少量酒精和乙醚的混合蒸气解毒；若吸入硫化氢而感到不适或头晕时，应立即到室外呼吸新鲜空气。

6. 加热试管时，切勿将管口对着自己或别人，不能俯视正在加热的液体，以防被意外溅出的液体灼伤。

7. 遇触电事故时，应首先切断电源，然后进行人工呼吸。

8. 对伤势较重者，应立即送医院医治。

9. 完成实验后，清洁台面，洗净双手，关闭水电气等阀口后离开实验室。

(二)意外事故的处理

1. 化学灼伤

(1) 受强酸的腐蚀：先用大量水冲洗，然后用 3%～5%碳酸氢钠溶液(或稀氨水、肥皂水)冲洗，再用水冲洗，最后涂上医用凡士林。如受氢氟酸腐蚀受伤，应迅速用水冲洗，再用稀苏打溶液(碳酸氢钠饱和溶液或 1%～2%乙酸溶液)冲洗，然后浸泡在冰冷的饱和硫酸镁溶液中半小时，最后涂敷氧化锌软膏(或硼酸软膏)。伤势严重时，应立即送医院急救。当酸溅入眼睛时，首先用大量水冲洗眼睛，然后用稀的碳酸氢钠溶液冲洗，最后再用清水洗眼。

(2) 受强碱腐蚀：立即用大量水冲洗，然后用 1%柠檬酸或 3%硼酸溶液冲洗。当碱液溅入眼睛时，先用水冲洗，依次用 3%硼酸溶液(或 2%乙酸溶液)、水冲洗，最后涂上医用凡士林。

(3) 碱金属氰化物、氢氰酸灼伤皮肤：用高锰酸钾溶液冲洗，再用硫化铵溶液漂洗，然后用水冲洗。

(4) 溴灼伤皮肤时，立即用乙醇洗涤，然后用水冲净，涂上甘油或烫伤油膏。

(5) 苯酚灼伤皮肤：先用大量水冲洗,然后用 4∶1 的乙醇(70%)-氯化铁(1mol/L)的混合液进行洗涤。

2. 割伤(玻璃或铁器刺伤等)　若伤口内有异物，应先取出异物，伤口不能用水洗，应立即用药棉擦净，涂上紫药水(或红药水、碘酒，但红药水与碘酒不能同时使用)，必要时撒些消炎粉，并用消毒纱布包扎，或贴创可贴；伤势较重时，则先用酒精在伤口周围清洗消毒，再用纱布按住伤口压迫止血，并立即送往医院。

3. 烫伤　立即涂上烫伤膏(可用 10%的 $KMnO_4$ 溶液擦洗灼伤处)；若伤势较重，撒上消炎粉或烫伤膏(或医用凡士林)，用油纱绷带包扎。切勿用冷水冲洗，更不能把烫起的水泡戳破！

4. 毒物与毒气误入口、鼻内

(1) 毒物误入口：立即内服 5～10 mL 稀 $CuSO_4$ 温水溶液，再用手伸入咽喉促使呕吐毒物。

(2) 刺激性、有毒气体吸入：误吸入溴蒸气、氯气等有毒气体时，立即吸入少量酒精和乙醚的混合蒸气，以便解毒，同时应到室外呼吸新鲜空气；若是吸入煤气或硫化氢气体而感到头晕等不适时，应立即到室外呼吸新鲜空气。

5. **触电** 触电后应立即拉下电闸，尽快用绝缘物(干燥的木棒、竹竿)将触电者与电源隔离，必要时进行人工呼吸；当发生的事故较严重时，在实施上述急救后速送医院治疗。

6. **起火** 发生着火，要沉着快速处理。首先要立即切断热源、电源，把附近的可燃物品移走，再针对燃烧物的性质采取适当的灭火措施。火较小时可用湿布或沙子覆盖燃烧物，火较大时用泡沫灭火器；油类、有机物引起的燃烧，万不能用水灭火；电器设备着火时，应立即关闭电源，再用防火布、砂土、干粉等灭火，不能用水和泡沫灭火器，以免触电；若衣服着火，千万不要慌乱跑动，否则会加强气流流动，使燃烧加剧，而应尽快脱下衣服，或在地面上打滚或跳入水池。

三、实验室"三废"物质的处理

化学实验室经常会产生某些有毒的气体、液体或废渣需要处理，特别是某些剧毒物质，为防止污染环境，保障实验人员的健康安全，一方面应节约使用化学用品，从源头减少污染物的生成，另一方面，"三废"物质应经过适当的处理。

1. **废气** 化学实验室常见的废气有 Cl_2、HCl、H_2S、NH_3、SO_2、NO_x、酸雾和一些如苯、甲醇、酚等有机物质的蒸气，处理方法如下：

(1) 溶液吸收法：用合适的液体吸收处理废气，如用酸性液体吸收碱性气体，用碱性液体吸收酸性气体。另外水、有机溶液也可作为吸收剂吸收废气。

(2) 固体吸附法：用固体吸附剂吸收废气，使气体吸附在固体表面而被分离，常用的有活性炭、硅胶、分子筛、活性氧化铝等。

除此之外，氧化、分解等方法也能对废气进行处理。

2. **废液**

(1) 废酸溶液收集于塑料桶内，用过量碳酸钠或石灰乳溶液中和，或用废碱液中和，然后用大量水稀释，过滤废渣后排放。

(2) 废碱溶液可用废酸液中和，然后用大量水稀释，清出废渣后排放。

(3) 万不可将含氰废液倒入酸性液体中，因氰化物与酸会产生剧毒氰化氢气体，危害人的生命安全。正确的处理方法是用氢氧化钠调节 pH>10，再加入过量 3%高锰酸钾溶液，使 CN^- 被氧化分解，并进一步分解为 CO_2 和 N_2。而且，氰化物在碱性介质中与亚铁盐作用可生成亚铁氰酸盐而被破坏。

(4) 含氟废液加入石灰可生成氟化钙沉淀而以废渣形式处理。

(5) 含铬废液采用还原剂(如铁粉、锌粉、亚硫酸钠、硫酸亚铁、二氧化硫或水合肼等)，在酸性条件下将 Cr^{6+} 还原为 Cr^{3+}，然后加入碱(如氢氧化钠、氢氧化钙、碳酸钠、碳酸钙等)，调节废液 pH，生成低毒的 $Cr(OH)_3$ 沉淀，分离沉淀，清液可排放。沉淀经脱水干燥后或综合利用，或用焙烧法处理，使其与煤渣和煤粉一起焙烧，处理后的铬渣可填埋。一般认为，将废水中的铬离子形成铁氧体(使铬镶嵌在铁氧体中)，不会有二次污染。

(6) 含砷、汞、铜、铋和重金属离子的废液，加碱或硫化钠将其转化为难溶氢氧化物或硫化物沉淀，过滤分离，清液经处理后排放，残渣若有回收价值则收集起来，若无价值，则以废渣形式送固废处理中心深埋处理。

3. 废渣　化学实验室产生的废渣通常集中到一定量后，分类送到固废处理中心采用掩埋的方法进行处理。

第三节　实验数据处理

一、有　效　数　字

化学实验中，经常用仪器来测量某些物理量，而不同的仪器所能达到的精度，即从仪器上能直接读出(包括最后的一位估计读数在内)的几位有效数字是不同的。只要是超越或低于仪器精确度的有效数字位数的数字都是错误的。因此，有效数字是由实验的实际情况得出的，而并非由计算得出。例如，最大负载为 500 克的台秤的精度是 0.1 克，即能称到 0.1 克。千分之一的分析天平的精度可达到 0.001 克(1 毫克)。万分之一的分析天平的精度达 0.0001 克(0.1 毫克)。又如，测量体积的 10 毫升量筒可读到 0.1 毫升，而 50 毫升滴定管的精度可达 0.01 毫升，等等。仪器可达到的精度决定了用它所得结果的精度。例如，用千分之一的天平称得一物的质量为 5.650 克时，不应记录为 5.65 克或 5.6500 克。

有效数字是指实际能测量到的数字，它包括所有的准确数字和最后一位可疑数字。可从下面几个数值来说明：

数值	0.203	0.0403	0.1208	1.320	5000	4200
有效数字位数	3	3	4	4	不确定	不确定

以上"0"只有在数字中间或在小数点的数字后面时，才是有效数字。这时的"0"表示一定的精确度，如 1.320 是四位有效数字，不能最后的"0"随意增减，否则相当于降低了测量的精确度。当"0"在数字前面时，只起定位作用，表示小数点的位置，并不能算有效数字。小数点的位置与测量的单位有关，与测量的精确度无关，如 13.24 mL 用"升"作单位时则为 0.01324 L，两者都是四位有效数字，可表示为 1.324×10^{-5} L。而像 5600、2000 中均以"0"结尾的正整数，"0"的意义不明确，其有效数字只能按照实际测量的精确度来确定，若它们有两位有效数字，分别可表示为 5.6×10^3、2.0×10^3；若为三位有效数字，则为 5.60×10^3、2.00×10^3。

二、有效数字的运算规则

各个数据运算得出后应统一有效数字的位数，确定有效数字所保留的位数后，按"四舍五入"的原则修约，即当测量值中被修约的数字小于或等于 4 时，该数字舍去；大于或等于 6 时，则进位；等于 5 时，要看 5 前面的数字，若是奇数则进位，若是偶数则将 5 舍掉，即修约后末位数字都成为偶数；若 5 后面还有不是"0"的任何数，则此时无论 5 的前面是奇数还是偶数，均应进位。例如，0.32474→0.3247； 0.32475→0.3248； 0.32476→0.3248； 0.32485→0.3248；0.324851→0.3249。

1. 加减法　几个数据相加或相减时，应以小数点后位数最少的数为准。例如，19.2354、3.741、5.42、2.003 相加，其中 5.42 小数点后位数最少，只有两位，所以以它为标准，其余几个数按"四舍五入"法则保留小数后两位再加减，即：19.24+3.74+5.42+2.00=30.40。

2. 乘除法　几个数据相乘除时，有效数字的位数应以几个数中有效数字位数最少的那几个数据为准。

如 24.54×2.0146×1.05786，其中，24.54 是有效数字最少的一个数，所以应该先将其余几个数四舍五入简化成四位有效数字后方可进行计算，即 24.54×2.015×1.058=52.32。

3. 对数运算　进行对数运算，真数的有效数字位数与对数的尾数(小数部分)位数相同，与对数的首数(整数部分)无关。例如，大气压 $P=1.013\times10^5$，是四位有效数字，其对数应为 $\lg P=5.0056$，其中对数的整数部分 5 只是 10 的方次，而不是有效数字；又如，pH=4.80，其有效数字为两位，则 $c(H^+)=10^{4.80}=1.6\times10^{-5}$ mol/L。

在用计算器计算时，也要注意，虽然不需要对每一计算过程的有效数字进行整理，但要在确定最后计算结果时，必须保留正确的有效数字的位数。因为测量结果的数值、计算的精确度均不能超过测量的精确度。

三、误　　差

1. 准确度与误差　测定值与真实值之间相差的程度称为准确度，用"误差"来表示，误差小，测量值与真实值就相近，准确度就高，反之，准确度就低。误差又分绝对误差和相对误差，表示如下：

绝对误差(E)=测量值(x)−真实值(T)

相对误差($E\%$)=[测量值(x)−真实值(T)]/真实值(T)

误差有正有负，正表示测量结果偏高，负表示测量结果偏低，如下表所示。

样品	样品1	样品2
测量值	1.2430	0.2451
真实值	1.2431	0.2452
绝对误差	−0.0001	−0.0001
相对误差	−0.008%	0.04%

两次称量的结果都偏低，且绝对误差一样，但相对误差不同。绝对误差与被测量值的大小无关，而相对误差因为表示误差在测量结果中所占的百分率，所以与被测量值的大小有关，且被测量值越大，相对误差越小。因此，相对误差更具

实际意义，测量结果的准确度常用相对误差来表示。

2. 精密度与偏差　精密度表示相同条件下多次测量结果之间的相互接近程度，用偏差表示，偏差越小说明精密度越高。偏差分绝对偏差和相对偏差，表示如下：

$$绝对偏差(D)=单次测量值(x_i)-测量平均值(x)$$

相对偏差$(D\%)$=绝对偏差/平均值，即：$D\%=(D/x)\times100\%=[(x_i-x)/x]\times100\%$ 绝对偏差是单次测量值与平均值的差值，相对偏差是绝对偏差在平均值中所占的百分比，它们都只是表示单次测量值结果对平均值的偏离程度。为更好说明精密度，实验工作中常用平均偏差和相对平均偏差来衡量总测量结果的精密度，分别表示为

平均偏差　　　　　　　　$d=(|d_1|+|d_2|+|d_3|+\cdots+|d_n|)/n$

相对平均偏差　　　　　　$d\%=(d/x)\times100\%$

式中，n 为测定次数；$|d_n|$ 表示第 n 次测定结果的绝对偏差的绝对值。平均偏差和相对平均偏差不计正负。

3. 误差分类

(1) 系统误差——可定误差

1) 方法误差：测定方法本身不十分完善所引起的，如反应不能定量完成；有副反应发生；滴定终点与化学计量点不一致；存在干扰组分等。

2) 仪器误差：主要是仪器本身不够准确或未经校准引起的，如量器(容量瓶、滴定管等)和仪表刻度不准。

3) 试剂误差：由于试剂不纯和蒸馏水中含有微量杂质所引起。

4) 操作误差：主要指在正常操作情况下，由于分析工作者掌握操作规程与控制条件不当所引起的，如滴定管读数总是偏高或偏低。

系统误差特性：重复出现、恒定不变(一定条件下)、单向性、大小可测出并校正，故又称为可定误差。系统误差可以用对照试验、空白试验、校正仪器等办法加以校正。

(2) 偶然误差(又称随机误差)——不可定误差：偶然误差产生原因与系统误差不同，它是由于某些偶然的因素所引起的。如测定时环境的温度、湿度和气压的微小波动，以及其性能的微小变化等。

偶然误差特性：有时正、有时负，有时大、有时小，难控制(方向大小不固定，似无规律)，但在消除系统误差后，在同样条件下进行越多次测定，测量结果的平均值越接近真实值。

除了以上两类误差外，还有因工作疏忽、操作马虎而引起的过失误差，试剂用错、砝码认错、刻度读错、计算错误等因素，都会引发很大的误差，这些都应该尽量避免。

4. 准确度与精密度的关系　系统误差是测量中误差的主要来源，它影响着测定结果的准确度。偶然误差则影响着结果的精密度。测量结果的准确度高，必须

精密度也要好，这样才能表明每次测量结果的再现性好；若精密度很差，说明测量结果不可靠，已失去衡量准确度的前提。

但有时，测定结果的精密度很好，说明它的偶然误差很小，但不能够说明准确度很高。可由下面三位同学同时滴定的一瓶 HCl 溶液的浓度为例，真实值是 0.1034 mol/L，滴定结果如下：

	学生	A	B	C
	C_1/(mol/L)	0.1010	0.1030	0.1031
实验编号	C_2/(mol/L)	0.1011	0.1061	0.1033
	C_3/(mol/L)	0.1012	0.1086	0.1032
平均值/(mol/L)		0.1011	0.1059	0.1032
真实值/(mol/L)		0.1034	0.1034	0.1034
差值/(mol/L)		0.0023	0.0025	0.0002

A 的滴定结果精密度很高，但是准确度低，平均值与真实值相差较大；B 的滴定结果的精密度和准确度都低；C 的滴定结果精密度和准确度都比较高。可见精密度高的其准确度不一定高。只有在消除了系统误差之后，才能做到精密度既好，准确度又高。因此进行评估测量结果时，要综合系统误差和偶然误差的影响，才能提高测定结果的准确性。

第四节　实验结果的表达及化学实验报告的书写方法

一、实验结果的表达

实验结果有三种表达方式：列表法、图解法、数学方程式法，下面对列表法和作图法加以简单介绍。

1. 列表法　将实验数据(包括原始数据与运算数值)用合适的表格记录出来就是列表法。实验数据既可以是同一个物理量的多次测量值及结果，也可以是相关几个量按一定格式有序排列的对应的数值。

数据列表本身就能直接反映有关量之间的函数关系。此外，列表法还有一些明显的优点：便于检查测量结果和运算结果是否合理；若列出了计算的中间结果，可以及时发现运算是否有错；便于日后对原始数据与运算进行核查，数据列表时要求如下：

(1) 表格力求简单明了，分类清楚，便于显示有关量之间的关系。

(2) 表中各量应写明单位，单位写在标题栏内，一般不要写在每个数字的后面。

(3) 表格中的数据要正确地表示出被测量的有效数字。

2. 作图法　作图法就是在坐标纸上描绘出所测物理量的一系列数据间关系

的图线。该方法简便直观，易于揭示出物理量之间的变化规律，粗略显示出对应的函数关系，是寻求经验公式最常用的方法之一。作图规则如下：

(1) 选用合适的坐标纸与坐标分度值：一般常用毫米方格坐标纸，再认真选取坐标分度值。坐标分度值的选取要符合测量值的准确度，即应能反映出测量值的有效数字位数。一般以一小格(1mm)或两小格对应于测量仪表的最小分度值或对应于测量值的次末位数，即倒数第二位数，以保证图上读数的有效数字不少于测量数据的有效数位，即不降低数据的精度，当然也不应夸大精度。分度时应使各个点的坐标值都能迅速方便地从图中读出，一般一大格(10 mm)代表1，2，5，10个单位较好，而不采用一大格代表3、6、7、9个单位。也不应该用3，6，7，9个小格(1mm)代表一个单位。否则，不仅标实验点和读数不方便，也容易出错。两轴的比例可以不同。坐标范围应恰好包括全部测量值，并略有富余，一般图面不要小于(10×10) cm^2。最小坐标值不必都从零开始，以便作出的图线大体上能充满全图，布局美观合理。原点处的坐标值，一般可选取略小于数据最小值的整数开始。

(2) 标明坐标轴：以横轴代表自变量(一般为实验中可以准确控制的量，如温度、时间等)，以纵轴代表因变量，用粗实线在坐标纸上描出坐标轴，在轴端注明物理量名称、符号、单位，并按顺序标出轴线整分格上的量值。

(3) 标实验点：实验点可用＋、×、⊙、△等符号中的一种标明，不要仅用"·"标实验点。同一条图线上的数据用同一种符号，若图上有两条图线，应用两种不同符号以便于区分。

(4) 连成图线：使用直尺、曲线板等工具，按实验点的总趋势连成光滑的曲线。由于存在测量误差，且各点误差不同，不可强求曲线通过每一个实验点，但应尽量使曲线两侧的实验点靠近图线，且分布大体均匀。

描绘仪器仪表的校正曲线时，相邻两点一律用直线连接，呈折线形式，这是因为在校正点处已经检测了明确的对应关系，而相邻两个校正点之间的对应关系却是未知的，因而用线性插入法予以近似。

(5) 写出图线名称：在图纸下方或空白位置写出图线的名称，必要时还可写出某些说明。

二、化学实验报告的书写方法

为达到实验目的，我们不仅要树立正确的学习态度和学习方法，做到预习和完成实验任务，正确地书写实验报告也是实验教学的主要内容之一。一份合格的实验报告不仅要准确、完整地报告实验目的、实验原理、实验内容、实验结果和注意事项，还应对实验现象的成败原因进行分析、归纳及总结等，且实验报告要科学、严谨、诚实、简洁、明确。

1. 无机化学测定实验报告(样例)

实验名称：＿＿＿＿＿＿＿＿＿　　日期：＿＿＿＿＿＿＿＿＿　　成绩：＿＿＿＿＿＿＿＿＿

专业：_____　　班级：_____　　姓名：_____

(1) 实验目的

(2) 实验原理

(3) 实验仪器和试剂

(4) 实验内容

(5) 实验数据及数据处理(用表格形式，如实记录所测得的数据，计算或作图，并得出结论)

(6) 问题与讨论

(7) 思考题

　　　　　　　　　　　　　　　　　　　　　　指导教师：_____

2. 无机化学性质实验报告(样例)

实验名称：_____　　日期：_____　　成绩：_____

专　　业：_____　　班级：_____　　姓名：_____

(1) 实验目的

(2) 实验仪器和试剂

(3) 实验内容(用表格形式表示，如下表)

实验内容	实验现象	反应方程式及解释

(4) 问题和讨论(总结实验收获和体会，分析实验中出现的"反常"现象)

(5) 思考题

　　　　　　　　　　　　　　　　　　　　　　指导教师：_____

3. 无机化学制备实验报告(样例)

实验名称：_____　　日期：_____　　成绩：_____

专　　业：_____　　班级：_____　　姓名：_____

(1) 实验目的

(2) 实验原理

(3) 简单流程(可用线表示)

(4) 实验结果

产品外观：

产量：

产率：

(5) 产品质量检查(可列表说明)

(6) 问题和讨论(对制备条件、操作步骤、产品外观、产率、纯度等进行讨论)

　　　　　　　　　　　　　　　　　　　　　　指导教师：_____

第五节　实验基本操作

一、化学实验常用仪器使用

1. 电光分析天平　分析天平是化学实验定量分析的重要仪器之一，具有很高的准确度，可以准确称量到 0.0001 g。常用的有阻尼天平、双盘电光分析天平、单盘电光分析天平及微量天平等。它们的构造虽略有不同，但其原理基本相同，下面以半自动加码双盘电光分析天平为例加以说明。

(1) 分析天平的原理：分析天平的称量原理是根据第一杠杆原理而设计的，如图 1-5-1 所示。

图 1-5-1 中 ABC 表示等臂天平的天平梁，B 为支点，位于天平梁的中央。若被称量物置左盘，砝码置右盘，被称量物重力用 W_1 表示，砝码的

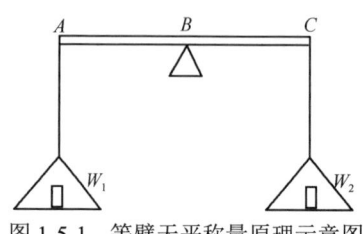

图 1-5-1　等臂天平称量原理示意图

重力用 W_2 表示。根据杠杆原理，支点两边的力矩相等，即

$$W_1 \times AB = W_2 \times BC$$

因为天平是等臂的，故

$$AB = BC, \quad W_1 = W_2 。$$

又因物体的重力(W)为

$$W = m \cdot g 。$$

式中，m 为物体质量，g 为重力加速度。因此，用天平称量某物质所获得的"重力"，实际上是该物体的质量。

(2) 半自动加码双盘电光分析天平的结构：TG-328B 型半自动加码双盘电光分析天平最大载荷可达 200 g，准确度为 0.1 mg，故又称万分之一分析天平。其结构见图 1-5-2。

1) 横梁：横梁上装有三个三棱形的玛瑙刀。中间的刀口向下，称支点刀，是天平工作时的支点。横梁两侧各有一个刀口向上的玛瑙刀，支承着两个秤盘，称承重刀。承重刀上分别挂有两个吊耳(蹬)及秤盘，分别放置砝码和被称物。为使天平能尽快静止，吊耳下端安装有阻尼筒，利用空气的阻尼作用，减少横梁的摆动时

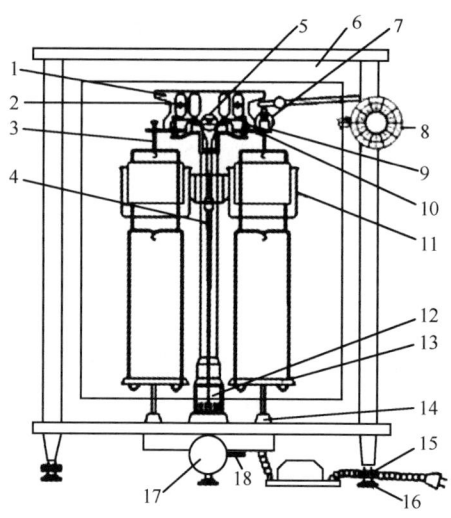

图 1-5-2　TG-328B 型半自动加码双盘电光分析天平结构图

1. 横梁；2. 平衡螺丝；3. 吊耳；4. 柱与指针；5. 支点刀；6. 框罩；7. 圈码；8. 指数盘；9. 支刀销；10. 托叶；11. 阻尼筒；12. 投影屏；13. 秤盘；14. 盘托；15. 螺旋脚；16. 垫足；17. 升降旋钮；18. 调零拨杆

间。横梁中上方装有重心调节螺丝，用于调节天平的重心，以保持天平的稳定性和准确性。横梁两端装有平衡螺丝，用以调节空盘时天平指针的平衡位置，即零点。在横梁的正中装有一根长的指针，指针下端有一固定的透明微分刻度标尺牌。称重时，若质量在 10 mg 以下，则利用光学读数装置，观察刻度标尺的移动情况，即指针倾斜程度，从而确定物体的质量。

2) 立柱：立柱中空部分为升降枢杠杆的通路。其上端嵌有一玛瑙平板亦称刀垫，用以支持横梁的中央刀口。称重时，向左旋转升降枢旋钮，横梁和吊耳下降，三对刀口和刀垫接触，同时盘托下降，天平横梁自由摆动；向右旋转升降枢旋钮，天平梁及吊耳上升，三对刀口和刀垫脱离，处于悬空位置，同时盘托上升，托住秤盘，天平处于平衡状态。立柱后上方的水泡型水平仪用于调节垫脚螺丝时判断天平是否处于水平位置。

3) 天平箱：天平箱用以保护天平以免受损或沾污，减少温度改变、空气对流等对称量的影响而设置。其前门供安装及修理天平用，称量时切勿开启，左门供取放称量物品用，右门供取放砝码用。

4) 砝码：每台天平都配有一盒铜合金制的表面镀铬的砝码。砝码值按一定顺序组成，其组合形式有：5、2、2、1 制(含 100、50、20、20*、10、5、2、2*、1 共九个克单位的砝码)，5、3、2、1 制及 5、2、1、1*制。砝码盒内配有一个镊子，用以夹取砝码。为了尽可能减少砝码所致的称量误差，称量时应使用同一盒砝码。

5) 半自动加码装置：除 1 克以上的砝码用镊子夹取外，10 毫克至数百毫克的砝码均做成环状，称环码或圈码，加在右边吊耳的横杆上，由一特殊的指数盘操纵，其结构见图 1-5-3。指数盘上刻有数字。可直接读出所加圈码的质量，范围为 10～990 mg。图 1-5-3 中指数盘的读数为 230 mg。加减环码的动作宜轻，使用完毕，应使指数盘退回至 000 位。

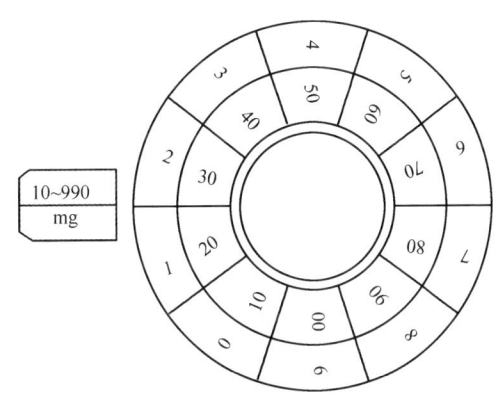

图 1-5-3　指数盘的读数示意图

6) 光学读数装置：光学读数装置的结构及作用原理如图 1-5-4 所示。其标尺牌读数范围为 0～10 mg。灯光经过聚光管，透过微分刻度标尺牌，再经放大和反射，使刻度在投影屏上显示出来，可读出 10 mg 以下的质量。

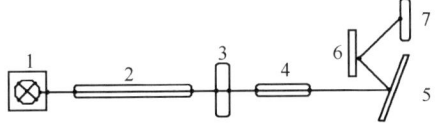

图 1-5-4　分析天平的光学投影装置
1.光源；2.聚光管；3.指针(标牌)；4.透镜；
5.小反射镜；6.大反射镜；7.投影屏

(3) 分析天平的灵敏性：天平不载重时的平衡点，称"零点"。天平在载重情况的平衡状态称"平衡点"或"停点"。天平只有处于停点时，才能读数。

分析天平的灵敏度指在一侧秤盘上增加 1 mg 重量时，天平指针的平衡点移动的格数。表示灵敏度的单位是格/mg。另一个表示灵敏度的概念称感量，又称分度值。它是灵敏度的倒数，是指处于平衡位置的天平在标牌上产生一个分度的变化所需的质量。表示感量的单位是 mg/格。实际应用中常用灵敏度的倒数，即感量或分度值表示天平的灵敏性。一般分析天平的灵敏度应为 10 小格/mg，或感量为 0.1 mg/格。

(4) 分析天平的称量方法

1) 直接称量法：被称物直接在天平上称量的方法。该法常用于器皿以及在空气中性质稳定、不吸水的试样如金属、矿石等的称量。

2) 减差称量法：常用于称取一定质量范围的试样或称取标定时所用的一级标准物质。物品用称量瓶盛装，在 105 ℃下烘干，放入干燥器内冷却。洁净的称量瓶不能用手直接拿取，应用干燥的纸条套在称量瓶上夹取，或戴上洁净的细纱手套拿取。

称量时，将盛有样品的称量瓶放在秤盘中央，称得质量为 $m_1(g)$（称准至± 0.0001 g）。取下称量瓶斜放在烧杯上方，打开瓶盖，用瓶盖轻轻敲击瓶口，使样品徐徐落入烧杯中(图 1-5-5)。当倾出的样品接近所需要质量时慢慢将瓶竖起，轻敲瓶口，使附在瓶口的试样仍落在瓶内，盖好瓶盖，再放回秤盘上称量，其质量为 $m_2(g)$（称准至± 0.0001 g）。两次称量的质量差(m_1-m_2)即为倾出的样品重量。

(5) 分析天平使用规则：分析天平属精密贵重仪器，为使其准确度和灵敏度不致降低，必须严格遵守使用规则：

1) 称量前应检查天平是否处于水平位置，吊耳与环码有无脱落，玻璃箱罩内外和秤盘是否清洁等。

2) 天平只有在观察零点或停点时才可完全开启升降枢旋钮，而其他操作如取放被称物品、增减砝码以及移动平衡螺丝等，均必须关闭升降

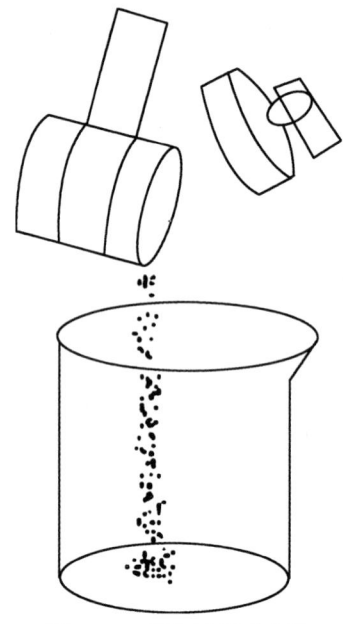

图 1-5-5 敲取试样试意图

枢旋钮，以便托起天平梁，以保护天平刀口。

3) 砝码只能用镊子夹取，加圈码应逐档缓慢转动指数盘，防止圈码互撞或跌落。加码或换码时应按砝码质量由大到小或由小到大顺序。

4) 天平不能称量热的物体。有腐蚀性蒸气或吸湿性物体都必须放在密闭容器内称量。

5) 称量时，需在台秤上粗称出物品大约质量，然后根据粗称质量在分析天平上准确称出其质量。读数时，必须关闭天平门。称量完毕，须将天平恢复零点状

态，切断电源，清洁天平及箱罩。最后用罩布将天平罩好，作好仪器使用记录，方能离开实验室。

2. 电子天平　另一类常用的分析天平是电子天平，见图 1-5-6。天平的秤盘置于电磁铁上。将样品放在秤盘上，由于样品质量和重力加速度的作用使得秤盘向下运动。天平检测到这个运动并通过电磁铁产生与此重力相抗衡的作用力，这个力与物品的质量成比例。电子天平的荷载为 100～200 g，准确度为±0.01～±1 mg。

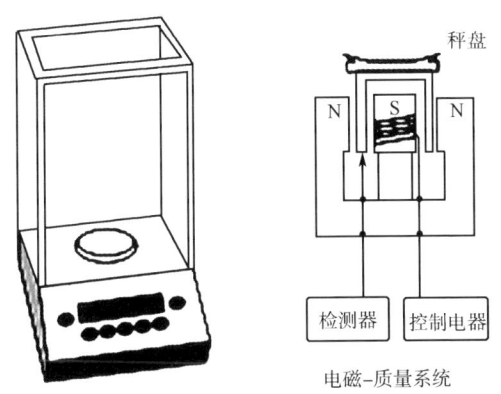

图 1-5-6　电子天平及其测定原理

电子天平操作注意事项：

(1) 检查天平，熟悉天平的所有控制键，确认 ON/OFF 键和去皮键 Tare。

(2) 用不锈钢标准砝码校正天平。

(3) 通过按去皮键 Tare 调零及获取样品质量。

3. pHS-2C 型酸度计

(1) 酸度计测定原理：pHS-2C 型酸度计见图 1-5-7，是用玻璃电极法取样测量水溶液酸度(即 pH)的一种测量仪器。仪器除测量酸碱度之外也可测量电极电位。pHS-2C 型酸度计由电位计和复合电极组成。

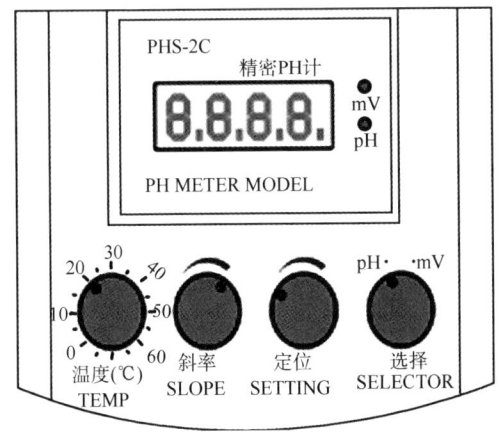

图 1-5-7　pHS-2C 型酸度计面板示意图

pH 的测定是借助复合电极完成的。复合电极是由两半电池组成,一半电池作为测量电极,是由玻璃感应薄膜制成的玻璃电极,另一半电池作为参比电极,为银-氯化银电极或甘汞电极。当 pH 电极与样品接触且样品氢离子活度发生变化时,在膜表面的电势也会随之变化,此时可借助电位仪测定这一电势的变化并直接转化为 pH。电动势与样品 pH 变化关系符合下列公式:

$$E = E^{\ominus} - \frac{2.303RT(\text{pH})}{F}$$

式中,R 为摩尔气体常量,8314 J/(mol·K);T 为热力学温度;F 为法拉第常量,96495 C/mol;$E^{\ominus}$ 为标准电动势;pH 为被测溶液 pH 和内溶液 pH 之差。

(2) 仪器的操作步骤:把电极杆装在机箱上,将复合电极插在电极夹上。复合电极插头插入电极插口内,电极在测量时,需把电极上近电极帽的加液口橡胶管下移使小口外露,以保持电极内 KCl 溶液的液位差。在不用时,上移橡胶管将加液口套住。

(3) pH 计校正(二点校正方法):开启仪器电源开关预热 30 min。将仪器面板上的"选择"开关置于"pH"档,"斜率"旋钮顺时针旋到最大处(100%处),"温度"调至与标准缓冲溶液的温度一致。

用蒸馏水将电极洗净并用滤纸吸干。将电极放入盛有 pH 为 6.86 的标准缓冲溶液的烧杯内,调节"定位"旋钮,使仪器指示值为此溶液温度下的标准 pH。

把电极从 pH 为 6.86 的标准缓冲溶液中取出,用蒸馏水冲洗干净,用滤纸吸干。根据将要测 pH 的样品溶液是酸性(pH<7)或碱性(pH>7)来选择 pH 为 4 或 pH 为 9 的标准缓冲溶液。把电极放入 pH 为 4 或 pH 为 9 标准缓冲溶液中,观察"读数",调节"斜率"旋钮,使仪器指示值为该标准缓冲溶液在此溶液温度下的 pH。

按"(2)"的方法再测 pH 为 6.86 的标准缓冲溶液,但注意此时应将"斜率"旋钮维持不动,在按"(3)"操作后的位置不变。如仪器的指示值与标准缓冲溶液的 pH 一致,则仪器校正完成,可以进行样品 pH 测量;若不一致,则可调节"定位"旋钮至消除此误差,然后再按"(3)"顺序重新操作,直至仪器的指示值与标准缓冲溶液的 pH 一致。一般情况下,两种标准缓冲溶液的温度必须相同。

(4) 样品溶液 pH 测量:在进行样品溶液的 pH 测量时,必须先清洗电极,并用滤纸吸干,在仪器已进行 pH 校正以后,绝对不能再旋动"定位"、"斜率"旋钮,否则必须重新进行仪器 pH 校正。

将仪器的"温度"旋钮旋至被测样品溶液的温度值。将电极放入被测溶液中,从数显屏上可直接记录样品溶液的 pH。

被测样品溶液的温度和用于仪器 pH 校正的标准缓冲溶液的温度应相同,这样能减小由于电极而引起的测量误差,提高仪器测量精度及可靠性。

测定完后将仪器复原,并将电极放回原处。

(5) 电动势的测量:测量电极插头芯线接"−",参比电极连线接"+"。复合电极插头芯线为测量电极,外层为参比电极,在仪器内参比电极接线柱已与电极插口外层相接,不必另连线。如测量电极的极性和插座极性相同,则仪器的"选择"置"+mV"档,否则,仪器的"选择"置"−mV"档。

将电极放入被测溶液,显示屏将显示电动势值,单位为 mV。

(6) 仪器、电极的维护及操作注意事项:仪器必须很好地维护,以保证仪器的使用寿命和测量精度,仪器全部采用集成电路,输入阻抗很高,因此在使用和存放仪器时,必须注意以下几点:

1) 仪器的输入端(即复合电极插口)必须保持清洁,不使用时将 Q 9 短路插头插入,使仪器输入处于短路状态,这样能防止灰尘进入,并能保护仪器不受静电影响。

2) 调节"温度"旋钮时勿用力过大,以防止紧固螺丝的位置移动,影响 pH 准确度。

3) 调节"定位"旋钮达不到标准缓冲溶液的 pH 时,即说明电极的不对称电位很大(大于± 1 pH),或被测缓冲溶液 pH 不正确,应调换电极或溶液重试。

4) pH 玻璃电极在常规情况下只能保存、使用一年。使用时玻璃泡不与硬物接触。

5) 在测量前仪器必须用已知 pH 的标准缓冲溶液进行定位校准,为取得更正确的结果,已知 pH 要可靠,而且其 pH 越接近被测值越好。

6) 复合电极的外参比补充液为 3.0 mol/L 氯化钾溶液(附件有 3.0mol/L 氯化钾小瓶一只,用户只需加入 60 mL 蒸馏水摇匀,此溶液即为外参比补充液),补充液可以从上端小孔加入。

7) 电极应与输入阻抗较高的酸度计($\geqslant 1012\ \Omega$)配套,能使电极保持良好的特性。

8) 电极避免长期浸在蒸馏水中或蛋白质溶液和酸性氟化物溶液中,并防止和有机硅油脂接触。

9) 电极经长期使用后,如发现梯度略有降低,则可把电极下端浸泡在 4 %HF(氢氟酸)中 3~6 s,用蒸馏水洗净,然后在氯化钾溶液中浸泡,使之复新。

10) 被测溶液中如含有易污染敏感球泡或堵塞液接界的物质,将使电极钝化,其结果是敏感梯度降低,或读数不准。如此,则应根据污染物质的性质,以适当溶液清洗,使之复新。污染物质和清洗剂见表 1-5-1,仅供参考。注意:选用清洗剂时,如为能溶解聚碳酸树脂的清洗液,如四氯化碳、三氯乙烯、四氢呋喃等,则可能把聚碳酸树脂溶解后,涂在敏感玻璃球泡上而使电极的失效,请慎用!

表 1-5-1 污染物质和清洗剂

污染物	清洗剂
无机金属氧化物	低于 1mol/L 稀酸
有机油脂类物	稀洗涤剂(弱酸性)
树脂类高分子物质	酒精、丙酮、乙醚
蛋白质血球沉淀物	酸性酶溶液(如食母生片)
颜料类物质	稀漂白液,过氧化氢

4. 分光光度计

(1) 分光光度计的基本原理:分光光度计是根据不同物质只吸收特定波长的光及 Lambert-Beer 定律而设计的仪器,分光光度计结构如图 1-5-8 所示。

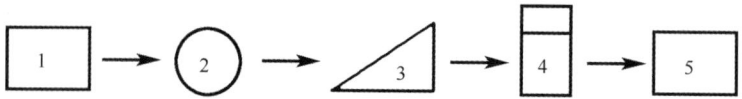

图 1-5-8　分光光度计结构

1.光源灯；2.单色光器；3.入射光与出射光调节器；4.比色皿座；5.光电管暗盒(包括光电管及微电流放大器)、稳压电源及电源变压器

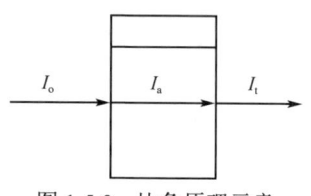

图 1-5-9　比色原理示意

Lambert-Beer 定律描述的是被测溶液对单色光吸收强度与溶液浓度及液层厚度成正比关系，溶液颜色越深，溶液浓度越大。某一物质对光的吸收量与波长的关系曲线称为吸收光谱，各种物质都具有其各自的吸收光谱，其形状不随浓度的变化而变化，就类似于化合物的指纹，因此也是物质定性分析的基础。当某单色光通过有色溶液时，一部分光被吸收，其余则透过，如图 1-5-9 所示。

$$T = \frac{I_t}{I_0} \times 100\%$$

$$\log \frac{I_0}{I_t} = abc = A$$

式中，T 为透光度；I_t 为透射光强度；I_0 为入射光强度；I_a 为吸收光强度；a 为吸光系数；b 为液层厚度；c 为溶液的浓度；A 为吸光度。

(2) 721 型分光光度计的使用方法：721 型分光光度计的仪器和光学系统见图 1-5-10 及图 1-5-11。

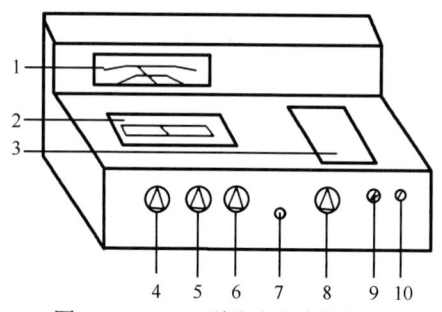

图 1-5-10　721 型分光光度计外形

1. 读数电表；2.波长读数；3.比色皿暗箱；4.波长旋钮；5. "0" 旋钮；6. "100" 旋钮；7.比色皿拉杆；8.灵敏度旋钮；9.指示灯；10.开关

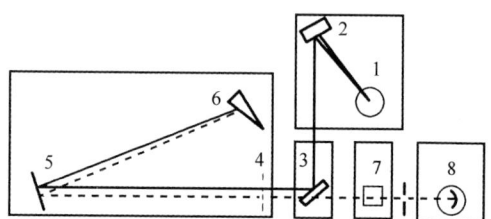

图 1-5-11　721 型分光光度计光学系统

1.光源；2.聚光镜；3.反光镜；4.狭缝；5.准直镜；6.棱镜；7.比色皿；8.光电管

打开比色皿暗箱盖，接通电源，预热 20 min。选择所测溶液吸收光波长及仪器灵敏度，用调 "0" 旋钮调节表头指针处于 "0" 位上。

以空白溶液校正仪器：盖上比色皿暗箱盖，将空白溶液推于光路中，旋转调 "100" 旋钮，使入射光 100%透过空白溶液，即表头指针处在 "100" 刻度上。反复调整 "0" 和 "100" 旋钮，使表头指针分别指向 "0" 和 "100" 刻度，完成仪器的校正。

将比色皿拉杆轻轻拉出一格,使第二个比色皿内的待测溶液进入光路。此时微安表所指的读数即为该溶液的吸光度或透光度,再依次测定其他待测溶液的吸光度。

仪器使用完毕后,切断电源,开关应拨在"关"的位置。

需要说明的是,放大器灵敏度有五档,其中,"1"档的灵敏度最低,"5"档最高。选档原则是保证能使空白档良好地调到"100"的情况下尽可能采用灵敏度较低的档,这样仪器将有更高的稳定性。使用时,一般置"1"档,灵敏度不够时再逐步升高,但改变灵敏度须按步骤 2 和 3,重新调整"0"和"100"。

(3) 722N 型分光光度计的使用方法:722N 型分光光度计见图 1-5-12,本仪器键盘共有 4 个键,分别为:A/T/C/F 键;SD 键;▼/0 %键;▲/100 %键。仪器使用前需开机预热 30 min。

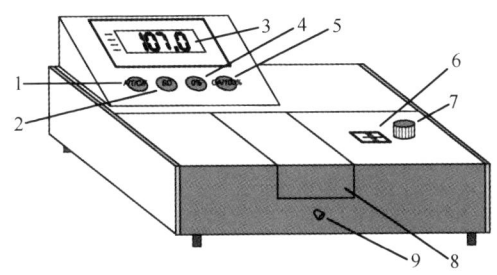

图 1-5-12　722N 型分光光度计外形

1.A/T/C/F 键;2.功能确定键;3.读数窗;4. 调"0"及下降键;5.调"100%"键及上升键;6.波长读数窗;7. 波长旋钮;8. 比色皿暗箱;9. 比色皿拉杆开关

1) $A/T/C/F$ 键:该键具有 4 个功能。每按此键来切换 A(吸光度,absorbance)、T(透射光,transmitted radiant)、C(溶液的浓度,concentration)、F(斜率,slope/factor)的值。

2) SD 键:该键具有 2 个功能。

用于 RS232 串行口和计算机传输数据(单向传输数据,仪器发向计算机)。

当处于 F 状态时,具有确认功能,即确认当前的 F 值,并自动转移到 C,计算当前的 C 值($C=F·A$)。

3) ▼/0 %键:该键具有 2 个功能。

调零:只有在 T 状态时有效,打开样品室盖,按键后应显示 000.0。

下降键:只有在 F 状态时有效,按本键一次 F 值会自动减 1;如果按住本键不放,自动减 1 速度会加快;如果 F 值为 0 后,再按键它会变成 1999,再按键开始自动减 1。

4) ▲/100 %键:该键具有 2 个功能。

只有在 A、T 状态时有效,关闭样品室盖,按键后应显示 0.000、100.0。

上升键:只有在 F 状态时有效,按本键一次 F 值会自动加 1;如果按住本键不放,自动加 1 速度会加快;如果 F 值为 1999 后,再按键它会自动变为 0,再按键开始自动加 1。

(4) 分光光度计的保养、维护及操作注意事项

1)仪器应放置在干燥房间内,使用时应放置在坚固平稳的工作台上,室内照明不宜太强。仪器底部有两个硅胶干燥筒,如受潮变色,应更换新的硅胶或将硅胶烘干后再用。另有两包放在比色皿暗箱内的硅胶也保持干燥。

2) 仪器接通电源前,应检查各个调节旋钮是否均在起始位上,电源接线应牢固,仪器接地应良好。

3) 测定时,比色皿要用被测液荡洗 2～3 次,以避免被测液浓度的改变。比色皿放入比色架前应用吸水纸吸干外壁水珠。拿比色皿时只能用手捏住毛玻璃的两侧面。比色皿使用完毕后应洗净(不可用碱溶液和强氧化剂洗涤,以免腐蚀玻璃或使比色皿黏结处脱胶),吸干后放回比色皿盒内。比色皿的透光面勿产生斑痕,否则影响透光度。

4) 为了防止光电管疲劳,在不测定时,应经常使暗箱盖处于开启位置。连续使用仪器的时间一般不应超过 2 h,最好是间歇 0.5 h 后,再继续使用。

5) 比色皿用过后,要及时洗净,并用蒸馏水荡洗,倒置晾干后存放在比色皿盒内。

6) 为了避免仪器积灰和沾污,工作结束后用防尘套罩住仪器。

7) 仪器工作数月或搬运后,要检查波长准确度,以确保仪器的使用和测定精度。

5. 离心机 低速离心机是对混合溶液进行快速分离而沉淀的专用设备,可广泛用于医院、食品、工业、科研等单位进行化验、生化试验、分离悬浮液等工作。下面以 LDZ5-2 低速离心机为例(图 1-5-13),加以说明。

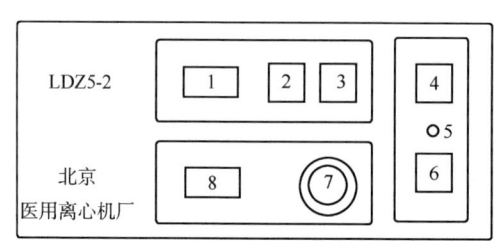

图 1-5-13 LDZ5-2 低速离心机控制部分示意图

1.定时显示(min);2.定时调谐按键(SET);3.定时手动～自动按键(MAN～AUTO);4.启动按键(START);5.超速保护(OVER-SPEED);6.电源开关(POWER);7.转速调节旋钮(SPEED);8.转速显示(×100r/min)

(1) LDZ5-2 低速离心机特点:采用集成电路控制,并且具有慢启动功能,定时及转速均采用数字显示,方便、直观。该机特设超速报警及自制动系统,当旋转速度超过本机允许最高转速时,自动发出报警信号并停止运转。系统对主控制电路系统故障和由于误操作引起的超速运转均具保护功能。

(2) LDZ5-2 低速离心机工作条件要求:离心机须在平稳台面上工作;环境温度处于 5～40 ℃ 范围;相对湿度不超过 80%;周围空气没有导电尘埃、爆炸性气体和腐蚀性气体存在;电源为单相交流 220 ± 22 V;50 ± 1 Hz,标准正弦波。

(3) LDZ5-2 低速离心机的操作：每只试管放置质量近似的溶液(最大不平衡量不得大于 2.0 g)，然后对称放置到离心隔架内。

置转速调节旋钮 7(SPEED)于 0 位，盖锁锁好。将电源 6(POWER)接到"ON"位置，电源接通后，内装指示灯亮，转速表显示"00"。

如需定时，将定时手动-自动按键 3(MAN-AUTO)选择"AUTO"，则定时器显示出一个任意随机数，并闪动。然后按下定时调谐按键 2(SET)，调至所需设定的时间。

按启动键 4(START)，启动指示灯亮。观察转速表，调旋钮 7(SPEED)至所需转速。离心机按设定时间以减法计时，直至"00"时，离心机停机，START 键上指示灯灭。

如需重复使用此转速，可重新设置所需时间，按启动键 4(START)后，离心机可自动在预置的转速和时间内运行。如不需使用定时，或离心时间超过 59 min，可将定时手动-自动按键设在"MAN"位，定时表显示的随机数仍做减法，但不定时。如需停止离心可将电源开关键 6(POWER)按至"OFF"位置。

重复使用时，先开启电源开关键 6(POWER)再按启动键 4(START)，离心机可自动加速到所设置的转速(仍不定时)。

离心完毕，将转速调节旋钮 7(SPEED)旋回"0"位，将电源开关按至"OFF"。按动开锁按钮，即可开盖取出样品。

容器室清扫。容器室用橡胶密封圈嵌在机箱上，无螺钉紧固，可随时拆下清扫，清扫前，应先将旋转盘卸下拿出，然后起出容器室进行清扫，清扫后须按原装配形式嵌入机箱，同时将电机密封套套紧，安装时，通风孔位置须与拆下时在同一方向。

(4) LDZ5-2 低速离心机维护、保养及操作注意事项

1) 使用前请详细阅读使用说明书。
2) 本机备有三线插座，使用时必须接地，确保安全。
3) 确认离心转盘、转环、转筒及其他旋转件安装可靠，稳固后方可开机。
4) 使用时各旋转体最高转速不得超过 5000 r/min(超速则报警)。
5) 启动后，如有不正常噪声及振动，应立即切断电源，排除故障。
6) 严禁在不平衡状态下运转。运转中严禁开盖，或企图在旋转惯性未完时用手制动，不可用手触摸旋转体。
7) 用毕应擦拭整机，防止锈蚀，长时不用应涂油保存。
8) 产品装箱保管时，须置于干燥室内。
9) 碳刷更换：当碳刷长度<10 mm 时，应进行更换。方法：打开离心机后板，拧下碳刷盖，换上新碳刷后，将碳刷盖拧好，装好后板，以 1500 r/min 磨合 2～4h 后使用。

6. 电导率仪

(1) 基本原理：导体导电能力的大小，通常用电阻 R(单位欧姆/Ω)或电导 G(单

位西门子/S)表示。电导是电阻的倒数，关系式为：

$$G = \frac{1}{R}$$

导体的电阻与导体的长度 L 成正比，与面积 A 成反比：

$$R = \rho \cdot \frac{L}{A}$$

式中，ρ 为电阻率，表示长度为 1 cm，截面积为 1 cm² 导体的电阻，单位为 $\Omega \cdot cm$。和金属导体一样，电解质水溶液体系也符合欧姆定律。当温度一定时，两极间溶液的电阻与两极间距离 L 成正比，与电极面积 A 成反比。对于电解质水溶液体系，常用电导和电导率来表示其导电能力。

$$G = \frac{A}{\rho L}$$

令 $\frac{1}{\rho} = \kappa$，则 $G = \frac{A\kappa}{L}$

式中，κ 为电阻率的倒数，称为电导率。它表示在相距 1 cm、面积为 1 cm² 的两极之间溶液的电导，其单位为 S/cm。在电导池中，电极距离和面积是一定的，所以对某一电极来说，L/A 是常数，常称其为电极常数或电导池常数。

不同的电极，其电极常数不同，因此测出同一溶液的电导 G 也就不同。因此电导池常数对电导率的测定而言，是一个很重要的数据。测定时用一对电极和与之配合使用的容器构成电导池，先用此电导池测量一次已知电导率溶液的电导，然后计算出电导池常数。已知溶液一般都用氯化钾溶液，不同温度下 0.01 mol/L KCl 溶液的电导率见表 1-5-2。

表 1-5-2　不同温度下 0.01 mol/L KCl 溶液的电导率表

温度/℃	电导率/($\Omega^{-1} \cdot cm^{-1}$)	温度/℃	电导率/($\Omega^{-1} \cdot cm^{-1}$)	温度/℃	电导率/($\Omega^{-1} \cdot cm^{-1}$)
1	0.000800	13	0.001095	25	0.001413
2	0.000824	14	0.001121	26	0.001441
3	0.000848	15	0.001147	27	0.001468
4	0.000872	16	0.001173	28	0.001496
5	0.000896	17	0.001199	29	0.001524
6	0.000921	18	0.001225	30	0.001552
7	0.000945	19	0.001251	31	0.001581
8	0.000970	20	0.001278	32	0.001609
9	0.000995	21	0.001305	33	0.001638
10	0.001020	22	0.001332	34	0.001667
11	0.001045	23	0.001359		
12	0.001070	24	0.001386		

由于 κ 的值与电极本身无关，因此用电导率可以比较溶液电导的大小。而电解质水溶液导电能力的大小正比于溶液中电解质含量。通过对电解质水溶液电导率的测量可以测定水溶液中电解质的含量。电导率仪是常用的电导率测量仪器。它除能测量一般液体的电导率外，还能测量高纯水的电导率，被广泛用于水质、水中含盐量、大气中 SO_2 含量等的测定和电导滴定等方面。

(2) 电导率仪操作步骤

以国产 DDS-11A 型电导率仪(图 1-5-14)为例：

1) 按电导率仪使用说明书的规定选用电极,放在盛有待测溶液的烧杯中数分钟。

2) 电源开启前，观察表头指针是否为零，否则调整表头螺丝使指针指零。

3) 接通电源，指示灯发亮，预热 5 min 后，开始工作。

4) 将范围选择器拨到所需要的测量范围，如不知被测量值的大小，应先转至最大量程位置，然后逐档下降，以免过载使指针迅速摆动而打弯。为了保证测量精确，必须注意选择合适的量程范围，以使电表指针的示值尽可能接近于满度。

5) 将"校正、测量"开关扳至"校正"位置，调节"校正"旋钮使表针满度指示；将"高周、低周"开关扳向低周位置，"量程"扳到最大挡；将"校正、测量"开关扳到"测量"位置，选择量程由大至小，直至可读出数值。

6) 将电极夹夹紧电极胶木帽，固定在电极杆上。选取电极后，调节与之对应的电极常数。将电极插头插入电极插口内，紧固螺丝，再将电极插入待测液中。

7) 调节"校正"旋钮使指针满刻度，然后将"校正、测量"开关扳到"测量"位置，读取示数，再乘上量程选择开关的倍率，即为被测溶液的实际电导率。将"校正、测量"开关再扳到"校正"位置，看指针是否满刻度。再扳回"测量"位置，重复测定一次，取其平均值。

8) 测量结束，将"校正、测量"开关扳到"校正"位置，取出电极，用蒸馏水冲洗后，放回盒中，关闭电源，拔下插头。

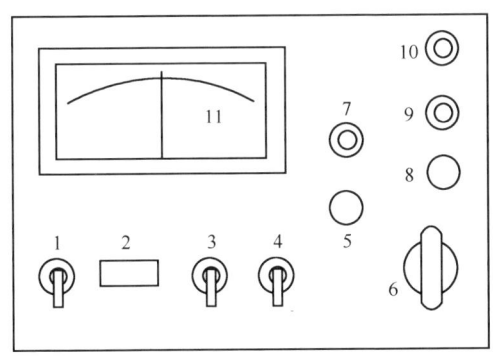

图 1-5-14 国产 DDS-11A 型电导率仪

1.电源开关；2.电源指示灯；3.高周、低周开关；4.校正档；5.校正旋钮；6.量程选择器；7.电极常数调节器；8.电容补偿调节器；9.电极插口；10.mV 输出插口；11.读数屏及转速显示

二、加热的方法及操作

1. 加热装置　实验室常见的加热装置有：酒精灯、酒精喷灯、煤气灯、电炉、电热套、管式炉、高温炉(马弗炉)、恒温干燥箱、恒温水浴、油浴、沙浴等，这些加热装置的加热温度、使用范围各不相同，实验中可根据具体情况进行选择。

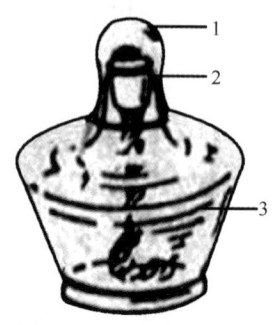

图 1-5-15　酒精灯的构造
1. 灯罩；2.灯芯；3.灯壶

(1) 酒精灯：酒精灯由灯罩、灯芯和灯壶三部分组成，如图 1-5-15 所示。温度可达 400~500℃。使用方法如图 1-5-16 所示。使用时，先借助漏斗加酒精[图 1-5-16(a)]，加入量不超过灯壶容积的 2/3 为宜，再用火柴将酒精灯点燃[图 1-5-16(b)]，切勿用燃烧的酒精灯去点燃另一个酒精灯，以免酒精洒落，引起火灾。中途若需添加酒精，应先将火焰熄灭，再借助漏斗进行添加。使用结束，应用灯罩盖灭[图 1-5-16(c)]，片刻后，再打开一次，然后盖严，以去除因热蒸发的酒精气体及避免因盖内空气的热胀冷缩产生负压，导致再次使用时难以打开。

(a) 添加酒精　　　(b) 点燃酒精灯　　　(c) 盖灭酒精灯

图 1-5-16　酒精灯的使用方法

(2) 酒精喷灯：酒精喷灯有挂式和座式两种，如图 1-5-17 所示。由于燃烧的是气化的酒精，所以温度可达 700~900℃。挂式酒精喷灯的灯管下部有一个预热槽，通过橡胶管与燃料罐连接，可直接从燃料罐上口加入酒精，并将燃料罐挂在

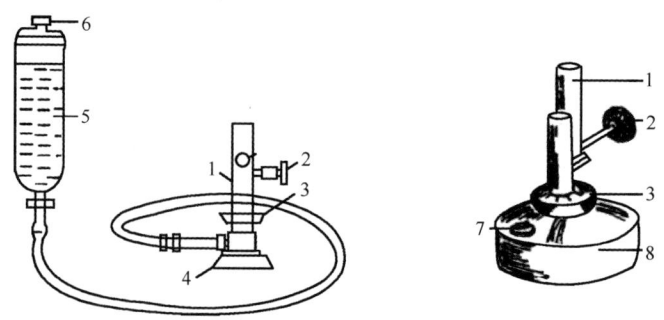

图 1-5-17　酒精喷灯的类型和构造
1.灯管；2.空气调节器；3.预热槽；4.灯座；5.酒精储罐；6.盖子；7.铜帽；8.酒精灯壶

高处。座式酒精喷灯下部为一个燃料罐,其上方有一个预热槽,可从灯座上的加液口加入酒精。加入酒精后,必须盖好加液口的盖子,以防不慎引燃罐内的酒精。使用时,先在预热槽中装酒精并点燃,使灯管被灼热,待槽内酒精接近燃烧完全后,将空气调节器和开关打开,使罐内酒精气化,从管口喷出,将划着的火柴移近管口,即可点燃。通过空气调节器调节进气量,可控制火焰的大小。不用时,关闭挂式喷灯罐下开关使火焰熄灭,而座式喷灯用石棉板将管口盖上即可。

必须注意:在点燃喷灯前灯管必须充分预热,使喷出的酒精全部气化,否则,酒精呈液态喷出,容易形成"火雨",引起火灾。挂式酒精喷灯不用时,应关闭储罐下的活塞开关,以免酒精漏失,酿成后患。

(3) 煤气灯

1) 煤气灯的构造:煤气灯是实验室中最常用的加热器具(图 1-5-18),它的式样虽多,但构造、原理相同。它由灯管和灯座组成。灯管下部内壁的螺纹与灯座的螺纹相连。灯管下部还有几个圆孔,为空气入口,旋转灯管,即可完全关闭或不同程度地开启气孔,以调节空气的进入量。灯座侧面有煤气入口,可接上橡皮管把煤气导入灯内。灯座侧面或下面有一螺旋形针形阀,用以调节煤气的进入量。

2) 煤气灯的使用方法:点燃煤气灯时,应先关闭空气入口,擦燃火柴并放在灯管口边缘,再打开煤气开关,将灯点燃。调节煤气和空气进入量,二者比例合适时,可使煤气燃烧完全,得到淡紫色分层的正常火焰,如图 1-5-19(a)为火焰正常燃烧时的状态。火焰分为三层,表 1-5-3 为煤气灯燃烧时火焰各部位的状态描述。

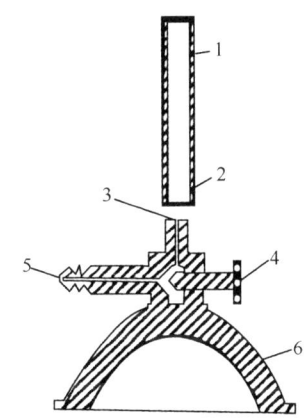

图 1-5-18 煤气灯的构造
1. 灯管;2. 空气入口;3. 煤气出口;
4. 螺旋针;5. 煤气入口;6. 灯座

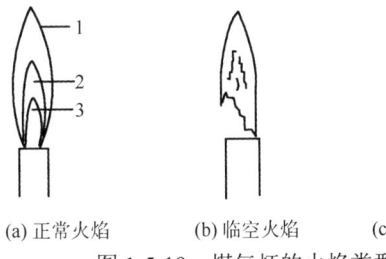

(a) 正常火焰　(b) 临空火焰　(c) 侵入火焰
图 1-5-19 煤气灯的火焰类型

表 1-5-3　煤气灯正常火焰各部位的性质

名称	火焰颜色	温度	燃烧情况
焰心(内层)	无色	约 300 ℃	煤气和空气混合并未燃烧

续表

名称	火焰颜色	温　度	燃烧情况
还原焰(中层)	淡蓝色	约 500 ℃	煤气不完全燃烧,分解为含碳化合物
氧化焰(外层)	淡紫色	800～900 ℃	煤气完全燃烧

若空气或煤气的进入量调节得不合适时,会产生不正常的火焰。当煤气和空气的进入量都很大时,气流冲出管外,火焰脱离管口在灯管上空燃烧,称为"临空火焰",如图1-5-19(b)所示。当煤气进入量很小,而空气进入量很大时,煤气在灯管内燃烧,火焰呈绿色,细长,并发出特殊的"嘶嘶"声,这种火焰称为"侵入火焰",如图1-5-19(c)所示。例如,煤气量因某种原因突然减少时,就会产生侵入火焰,这种现象称为"回火"。遇到临空火焰或侵入火焰时,都应立即关闭煤气阀门,重新调节和点燃。

图 1-5-20　电炉

(4) 电炉、电热板和电热套:电炉(图1-5-20)、电热板(现常用不拘加热器皿的电陶炉,如图1-5-21所示)和电热套(图1-5-22)是常用的电加热装置,可以代替酒精灯或煤气灯用于加热容器中的液体。电炉和电热板的受热都是平面的,使用方法大体相同,加热时,电炉温度可以通过调节调压变压器来控制温度,电陶炉可通过面板上的温度调节按键进行调节,在电炉或电热板加热时可放置一块石棉网,使被加热物质受热均匀。电热套适用于对圆底烧瓶内的物质进行回流、蒸馏等实验,温度由控温装置调节,最高温度可达 400 ℃左右,其容积大小与烧瓶的容积相匹配。

图 1-5-21　电陶炉

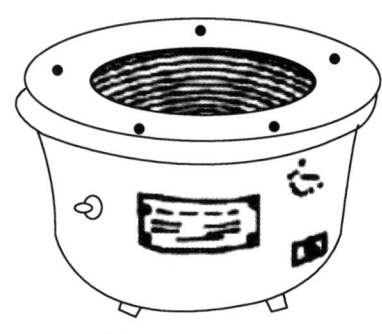

图 1-5-22　电热套

(5) 管式炉和高温炉(马弗炉):管式炉(图1-5-23)和高温炉(图1-5-24)主要用于高温灼烧或高温反应。两者虽外形不同,但内部结构相似,都是由炉体和电炉温度控制器两部分组成。

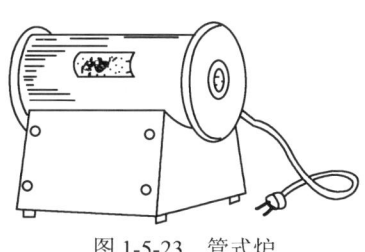
图 1-5-23 管式炉

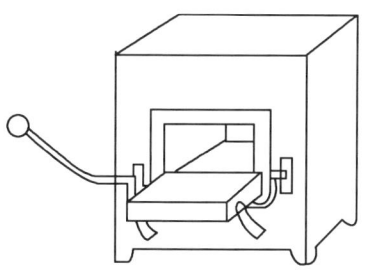
图 1-5-24 高温炉(马弗炉)

管式炉有一个管状炉膛，利用电热丝或硅碳棒来加热，温度较高，可达 950 ℃。在管式炉中灼烧样品时，可将样品装在耐高温的管状或舟状器皿中。如果被灼烧的样品需要隔绝空气或借助某种气体保护，则可在穿过炉膛的瓷管或石英管的两头用带导管的塞子塞住，再抽真空或通入某种气体。

高温炉也称马弗炉，炉膛为长方体，正面有一炉门。高温炉也是用电热丝或硅碳棒来加热，加热元件为电炉丝，高温炉加热最高温度可达 1000 ℃，硅碳棒可加热到 1350 ℃，硅钼棒则可加热到 1600 ℃。使用时，打开炉门，用长柄坩埚钳将装有样品的坩埚或其他耐高温的器皿放入炉内，关好炉门进行灼烧。

操作高温炉的注意事项：

1) 升温时，应按程序逐渐升温，而不能一次将温度调高。低温档处停 15 min 后方可调到中温档，待电流增大后，再调至高温档。

2) 灼烧完毕，立即断电但不要立即打开炉门，一般当温度降至 200 ℃以下时方可打开，以免炉膛骤冷碎裂。

3) 高温炉不使用时，应将炉门关好，以防耐火材料受潮气侵蚀，并将电闸拉下，切断电源。

4) 高温炉应放置在水泥台上，炉周围不能放置精密仪器，也不要存放易燃易爆物质。在有高温炉的房间内须准备好灭火器材。

(6) 恒温干燥箱：恒温干燥箱(图1-5-25)是利用电炉丝加热使物体干燥的设备，有常规的恒温干燥箱和减压恒温干燥箱，其最高使用温度可达 200～300 ℃，常用温度在 100～120 ℃，用于物质的烘焙、干燥等，使用时根据物质的性质可在常压或低压状态下设定不同的温度进行干燥。使用时应注意，恒温箱内不应放易燃、易爆、易挥发及有腐蚀性的物品；禁止将要烘干的样品直接放在搁板上，应放在称量瓶、玻璃或瓷质器皿中。

图 1-5-25 恒温干燥箱

2. 加热方法　加热方法可分为直接加热和间接加热两种。

(1) 直接加热：直接加热是将被加热物品直接放在热源中进行加热，如在酒精灯、煤气灯、电炉、电陶炉上加热试管或反应器皿中的样品，在高温炉中灼烧坩埚中的样品等。

1) 直接加热试管中的液体和固体：如图 1-5-26 所示，加热液体时，被加热的液体量不能超过试管高度的 1/3。加热前，应先擦干试管外壁，然后用试管夹夹在试管上部(距管口 1/3 处)，试管口向上稍倾斜，管口切勿对着人。加热时，应使液体各部分受热均匀，可先加热液体的中上部，再慢慢往下移动，片刻后可来回移动或振荡试管，不要集中加热液体某一部分，以免因沸腾而迸溅。

如图 1-5-27 所示，加热试管中的固体反应物时，样品应尽量平铺在试管底部。试管可固定于铁架台上，管口应略低于底部，防止水蒸气冷凝致水珠倒流，导致试管的灼热部位破裂。开始加热时，可通过移动热源(酒精灯、煤气灯)对试管进行预热，由管口一侧开始向底部移动，然后再将热源固定在固体反应物的部位进行加热。

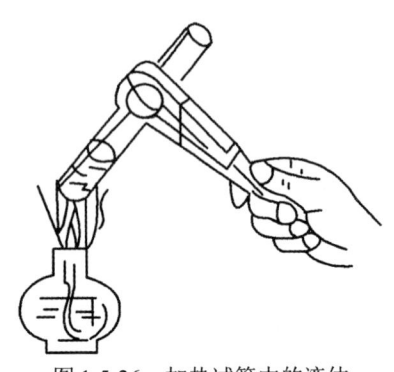

图 1-5-26　加热试管中的液体

2) 加热烧杯、烧瓶中的液体：如图 1-5-28 所示，所盛的液体量不能超过烧杯容积的 1/2 和烧瓶的 1/3。加热前，应先擦干容器外部，放在石棉网上，以免受热不均而使仪器破裂。

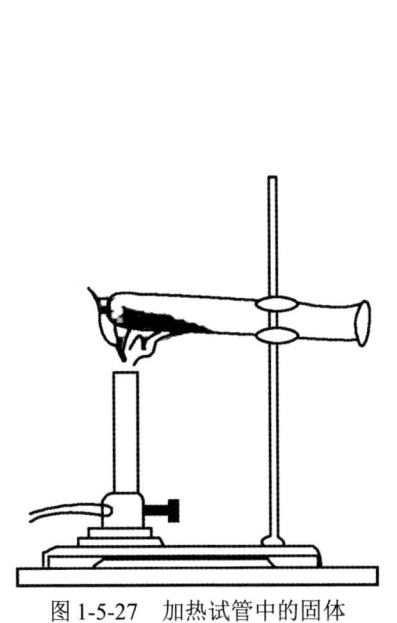

图 1-5-27　加热试管中的固体

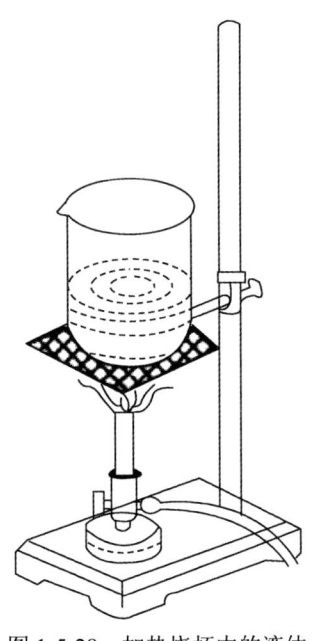

图 1-5-28　加热烧杯中的液体

3) 灼烧：当需要高温熔融、分解或除去挥发性物质等操作时，可把固体放在坩埚、瓷盘等耐高温的容器中,用煤气灯、电炉、高温炉等高温加热装置进行加热。

如果在煤气灯上加热,可将盛有样品的坩埚置泥三角上,用火焰中的氧化焰部位灼烧,如图 1-5-29 所示,开始时,先用小火烘烧,待坩埚受热均匀后再逐渐加大火焰,根据实验要求控制灼烧温度和时间。结束时,坩埚需在泥三角上稍冷后,再用坩埚钳(图 1-5-30)转移。在高温下使用坩埚钳时,必须用洁净的坩埚钳在火焰旁预热片刻后,方能夹取坩埚,以免坩埚骤冷破裂。

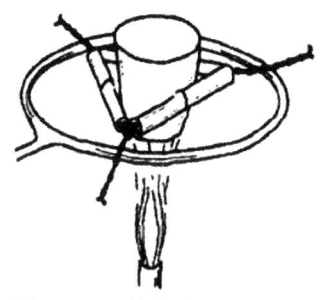
图 1-5-29 灼烧坩埚中的样品

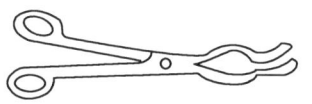
图 1-5-30 坩埚钳

(2) 间接加热:间接加热是先用热源将某种介质(水、油、沙等)加热,再通过介质将热传递给盛有被加热物品的容器及被加热样品。有些容器,如玻璃或瓷质器皿,若直接置于热源上,则往往因升温过快而炸裂,或传热不良,以致加热物质受热不均匀,此时可采用热浴法。常见的热浴方法有水浴、油浴与沙浴三种。

1) 水浴:以水作为加热介质的热浴方法,常用于被加热物质要求受热均匀而温度又不能超过 100 ℃ 的低温加热实验,或有挥发性的易燃有机溶剂的加热。实验室常见的水浴装置如图 1-5-31 所示,可用水浴锅[图 1-5-31(a)]进行水浴加热,也可用大烧杯代替水浴锅加热,如图 1-5-31(b)所示。使用时,注意水浴锅或烧杯内的放水量不要超过其容积的 2/3,但水浴液面要超过被加热样品面。水浴加热时,若加热的温度在 90 ℃ 以下,则可将容器浸在水中,但容器不能接触水浴锅或烧杯底部,小心加热以保持所需温度;若需加热到 100 ℃ 左右,则可用沸水浴;若加热温度要稍高于 100 ℃,可选用无机盐类的饱和水溶液作为加热介质。

 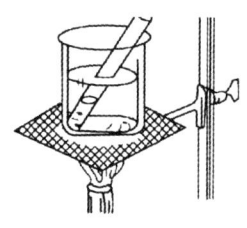 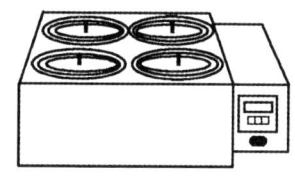

(a) 水浴锅水浴加热　　　　(b) 烧杯水浴加热　　　　(c) 恒温水浴槽水浴加热
图 1-5-31 常用水浴加热装置

如图 1-5-31(c)所示,实验室里也常选用恒温水浴槽进行小于 100 ℃ 不同温度下间接水浴加热。使用前，先向浴槽里加水，水量不超过其容积的2/3，使用过程中要注意补充加水。水浴加热时，注意浴槽里的水不要流入容器内，同时加热容器(烧杯或锥形瓶等)需固定好，以防水的浮力导致加热器皿倾倒。

2) 油浴和沙浴：油浴就是以高温导热油作为加热介质的热浴方法。油浴最高温度比水浴高，一般在100～250℃，最高温度取决于所用油的种类。常用的油浴介质有甘油、二甲基硅油、石蜡等。油浴操作方法与水浴相同，但进行油浴时需小心谨慎，防止油外溢或油浴升温过高，引起失火。加热油浴的装置不宜为明火。当加热温度要求处于250～400℃时可采用沙浴。

沙浴是以细沙作为加热介质的热浴方法，其温度可达400 ℃。沙浴操作方法与水浴基本相同，但由于沙子的导热性比水和油差，在沙浴中加热的容器宜半埋在沙中，其四周的沙宜厚，加热器皿底部的沙宜薄，以免承沙的容器底部过热融化，温度计靠近反应器皿插入沙中，但不能触及容器底部。

三、固体物质的溶解、蒸发和结晶

1. **固体溶解** 当固体物质的颗粒较大时，溶解前应在干燥、洁净的研钵中先进行粉碎，研钵中所盛的固体量要小于研钵容积的1/3。再根据固体性质选择相应的溶剂进行溶解，常用加热、搅拌等方法加快溶解速度。对于溶解度受温度影响的固体物质，一般用加热的方法加速物质的溶解。搅拌可加速物质的扩散速度，从而加快溶解速度。搅拌时，应手持搅拌棒，轻轻转动，不能用力过猛，不要使搅拌棒敲碰到容器壁上，以免破坏容器。

2. **蒸发(浓缩)** 大多数无机化合物的溶解度随温度升高而增大，当溶液较稀而物质的溶解度又大时，为了从溶液中析出晶体，常采用加热的方法使溶剂不断蒸发，使溶液不断浓缩达到饱和后析出晶体。

蒸发过程通常在蒸发皿中进行，蒸发皿具有较大的表面，有利于液体蒸发。注意蒸发皿内盛的液体量小于其容量的2/3，若需蒸发的液体量较多，可随水分不断蒸发而逐次添加液体，连续多次蒸发。加热时，对于热稳定性好的物质，可直接加热，而热不稳定的物质，则应水浴加热，控制好加热温度。

随着溶剂的蒸发，溶液逐渐被浓缩，蒸发程度依据物质的溶解度和晶体析出时的溶液浓度而定。若物质的溶解度随温度变化不大或室温时溶解度较大，应加热使溶液达到饱和状态，当溶液表面出现晶膜时，即可停止加热；若物质的溶解度随温度升高而增大，冷却后易析出晶体，则需加热蒸发到液面出现晶膜。

3. **结晶** 结晶是提纯固态物质的一种常用方法。若溶质的溶解度随温度改变而变化不大时，可通过蒸发减少部分溶剂，使溶液达到过饱和状态而析出晶体；若溶质的溶解度随温度改变而变化，则可通过加热去除一部分溶剂后冷却，或直接降温冷却，使晶体析出。当溶液达过饱和状态未析出晶体时，可用搅拌棒摩擦器壁，搅拌溶液，或往溶液中加入几小粒晶体(晶种)，促进晶体析出。

晶体的颗粒大小与结晶条件有关。若物质的溶解度小、溶液浓度高、溶剂的蒸发速度快、溶液冷却快，会快速析晶并且晶体细小，反之，则得到大颗粒的晶体。一般地，快速析出的晶体易包埋母液和其他杂质，而且太细小的晶体有时会形成稠状物，裹带母液后不易洗涤，纯度较低。实际操作时，可根据需要控制好相应的结晶条件，以得到大小合适、纯度较高的晶体颗粒。

若第一次结晶的纯度不符合要求，可将晶体加入适量的溶剂中，再次溶解、蒸发、冷却、结晶，从而得到纯度较高的晶体，如此反复的操作称为重结晶。实际操作时，可根据纯度要求，选择重结晶次数。由于每次分离后的母液中都含有少量的物质，应收集并加以适当处理，以提高产率。当利用重结晶提纯物质时须注意，该方法只适用于溶解度随温度升高而增大的物质，而溶解度受温度影响较小的物质则不适用。

四、固-液的分离及沉淀的洗涤

在化合物的制备和分析过程中，常要将固体与液体进行分离和洗涤，主要有三种方法。

1. 倾析法　当溶液中存在相对密度较大的沉淀或颗粒较大的晶体，经静置后能较快地沉降至容器底部时，如图 1-5-32 所示，将上层清液沿玻璃棒小心倾入另一容器内，从而对固体与液体进行分离，这种固液分离法称倾析法。

若需洗涤沉淀，可将少量洗涤液(如去离子水)加入盛有沉淀的容器中，充分搅拌后静置，沉降，再倾去洗涤液。重复以上操作 2~3 次，即可将沉淀洗净。

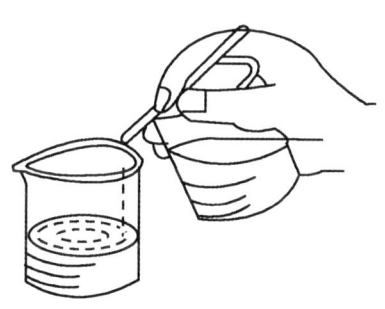

图 1-5-32　倾析法分离沉淀

2. 过滤法　过滤法是最常用的固液分离方法之一。过滤时，溶液的温度和黏度、沉淀的状态和颗粒大小、过滤的压力、过滤器的孔隙大小会影响过滤的速度，因而应根据过滤的目的要求，以及各种影响因素选择不同的过滤方法。常用的过滤方法可分为三种：常压过滤、减压过滤和热过滤。

(1) 常压过滤：此法使用圆锥形带颈的玻璃漏斗和滤纸进行过滤。具体操作如下：

1) 滤纸的选择：实验室常用的滤纸，按用途分为定量分析和定性分析滤纸两种，按孔隙大小分为快速、中速和慢速滤纸三种，可根据需要加以选择。对于胶状沉淀、无定形沉淀等，应选择孔隙较大的快速滤纸；NH_4MgPO_4 等粗晶形沉淀，应选用中速滤纸；$BaSO_4$ 等细晶形沉淀，则选用孔隙较小的慢速滤纸。滤纸有 $\varPhi$ 7cm、$\varPhi$ 9cm、$\varPhi$ 11cm 等规格，选择滤纸时可根据沉淀量的多少选择相应大小的滤纸。滤纸的大小还须与漏斗的大小相适应，一般滤纸在放入漏斗后，其上沿应低于漏斗上沿 1 cm 左右。另外，沉淀体积应小于滤纸容积的 1/3。

2) 滤纸的折叠与放置：过滤前，按图 1-5-33 将滤纸折叠成扇形，展开呈圆锥形(一边为一层，另一边为三层)，放入预先洗净的玻璃漏斗，使其与漏斗相密合。若两者不十分密合，则适当改变滤纸折叠角度，使之与漏斗相密合。为了使滤纸紧贴于漏斗内壁，可在圆锥形滤纸的三层厚的外层撕去一角，食指将滤纸按在漏斗内壁，用少量蒸馏水润湿，再用玻璃棒轻压滤纸，使滤纸与漏斗间无气泡存在。

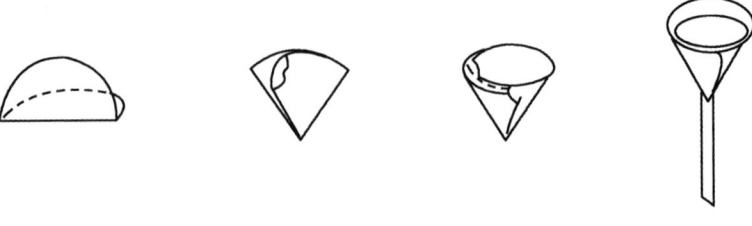

(a) 对折　　(b) 折成适合角度并撕去一角　　(c) 展成圆锥形　　(d) 放入漏斗

图 1-5-33　滤纸的折叠方法

3) 过滤和转移：如图 1-5-34 所示，常压过滤采用倾析法把上层清液转移至滤纸上，操作时注意"三靠"。首先将已放入滤纸的漏斗置于漏斗架上，下方用洁净的烧杯(容积为滤液总量 5～10 倍)接滤液。漏斗颈口斜处紧靠烧杯内壁(一靠)，使滤液沿烧杯壁流下，防止滤液飞溅。然后将静置后的清液倾入漏斗中，烧杯凹口紧靠玻璃棒(二靠)，使清液沿着玻璃棒缓慢流入漏斗中。玻璃棒倾斜，下端靠近三层滤纸一侧(三靠)，但不能接触滤纸，以防把滤纸冲破。加入漏斗中的溶液高度应低于滤纸 2～3 cm，以免少量沉淀从滤纸和漏斗间的缝隙中流失。

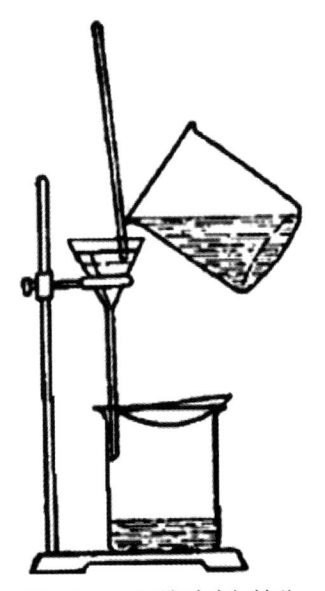

图 1-5-34　沉淀过滤与转移

4) 洗涤：待上层清液转移后，可在盛有沉淀的容器中加入少量洗涤剂，充分搅拌洗涤后静置，沉降，把上层清液倾入漏斗中，重复此操作 2～3 次，再把沉淀全部转移到滤纸上。然后可在滤纸上继续洗涤沉淀，用洗瓶吹出水流，螺旋向下移动，并将沉淀集中至滤纸下端，以除去沉淀表面吸附的杂质和母液。洗涤时，遵循"少量多次"原则，这样只用少量的洗涤液就可将沉淀洗净，提高洗涤效率。

(2) 减压过滤(抽吸过滤)：当过滤的液体较多且沉淀颗粒较大时，减压可缩短过滤时间，并可把沉淀抽吸得比较干。但对于胶状沉淀和颗粒较细的沉淀，则不适宜使用减压过滤。因为在有压力的情况下，胶状沉淀更易透过滤纸，而颗粒较细的沉淀会因抽吸在滤纸上形成一层密实的沉淀，使液体不易透过。

减压过滤的装置如图 1-5-35 所示，现分别介绍如下。

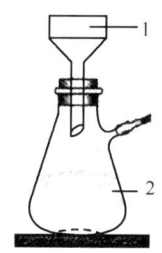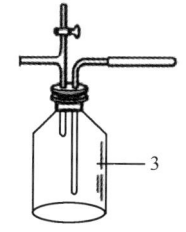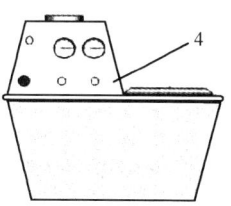

图 1-5-35　减压过滤装置
1.布氏漏斗；2.抽(吸)滤瓶；3.安全瓶；4.循环水式真空泵

布氏漏斗为瓷质平底漏斗，上面有很多等径小孔，漏斗颈部插入单孔橡胶塞，与抽滤瓶连接。

抽(吸)滤瓶用来承接滤液，有支管口与减压系统相连接，也有漏斗颈部为磨砂口的布氏漏斗可与瓶口为磨砂的抽滤瓶直接相连。

循环水式真空泵起着减压作用，通过带走系统中的空气，减小抽滤瓶内的压力，从而使抽滤瓶内和布氏漏斗液面上产生压力差，加速过滤的速度。

安全瓶是连接在抽滤瓶和真空泵之间的装置，起到缓冲作用。在减压操作结束时，若无安全瓶，直接关闭真空泵时，由于抽滤瓶内压力低于外界压力会使泵中的水被抽入抽滤瓶内，产生倒吸现象，污染滤液，所以要求保留滤液时，应在抽滤瓶和真空泵之间装上安全瓶，防止倒吸。若不需安装安全瓶，减压过滤操作结束时，应切记先断开抽滤瓶和真空泵的连接，再关闭真空泵。

(3)减压过滤的操作方法如下。

按图 1-5-35 将装置连接好，注意橡胶塞插入抽滤瓶时，插入部分不得超过塞子高度的 2/3，漏斗颈部下端斜口应对着抽滤瓶支管口。

将连接好布氏漏斗的抽滤瓶的支管，通过橡胶管与安全瓶相连接，再借助橡胶管将安全瓶与真空泵相连接。

选用合适的圆形滤纸放入布氏漏斗中，滤纸应比漏斗内径略小，且能覆盖全部瓷孔。然后用少量溶剂(一般为蒸馏水)润湿滤纸，开启真空泵，减压，抽气使滤纸和漏斗紧密贴合。

在开启真空泵，保持抽滤瓶内负压情况下，将液固混合物沿着玻璃棒转移入漏斗中进行减压过滤。注意加入的液量不宜超过漏斗容积的 2/3，持续减压，直至沉淀抽干。若沉淀较多，可在沉淀基本抽干前用玻璃棒将沉淀压实，减少沉淀中的缝隙，以尽量使沉淀抽干。

洗涤沉淀时，将洗涤剂倾入漏斗中，过滤速度适当减慢，以免沉淀不能洗净。

减压过滤过程中随时观察抽滤瓶，以确认抽滤瓶内溶液不超过其支管下容积的 2/3 高度，否则要将溶液倒出后才能继续抽滤，以防滤液超过支管被吸入塑料材质的真空泵，对循环水箱产生损害。

减压过滤完毕或中途需停止抽滤,先将安全瓶上的活塞旋开,使系统与大气相通,再关闭真空泵。

取出沉淀时,用玻璃棒将滤纸边轻轻揭起,同时取出滤纸和沉淀,滤液由抽滤瓶上口倾出,请勿从支管口倒出。

若要过滤强酸(除氢氟酸外)或强氧化性物质时,因这些物质会与滤纸作用,将导致滤纸损坏而出现漏洞,此时可选用玻璃砂芯漏斗进行过滤。但碱性物质会与玻璃作用,堵塞微孔,故不能用玻璃砂芯漏斗过滤。根据孔径的大小,玻璃砂芯漏斗可分为 6 种规格(孔隙分别为 80~120 μm、40~80 μm、15~40 μm、5~15 μm、2~5 μm、小于 2 μm),根据不同需要选用相应的玻璃砂芯漏斗,减压操作方法如上所述。

(4) 热过滤:当溶质在温度下降时易结晶析出,通常使用热滤漏斗进行热过滤,使其保留在滤液中,如图 1-5-36 所示。过滤时,将玻璃漏斗(漏斗的颈部越短越好)放置于金属制成的热滤漏斗中,热滤漏斗内装有热水,可保持一定温度,必要时还可对热滤漏斗侧管处进行加热。热过滤操作方法与常压过滤操作一致。

3. 离心分离法 当分离少量固体和液体时,或对乳浊液进行液液分离时,常采用离心分离法,其操作方法简便、迅速。根据需要,实验室常用大型或小型离心机进行分离,如图 1-5-37 所示,操作方法如下:

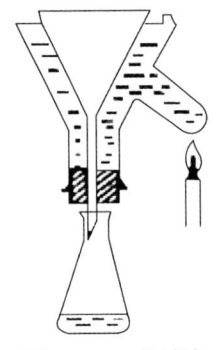

图 1-5-36 热过滤

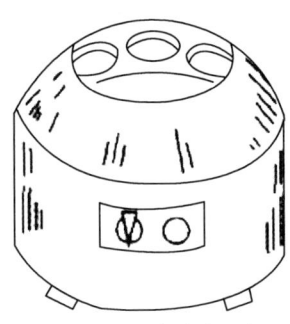

图 1-5-37 电动离心机

(1) 使用离心机时,先在离心机套管底部垫些棉花或胶圈,以免离心管被碰破。在台秤上将盛有沉淀和溶液的离心管确认等重,然后将等重的离心管放入离心机的套管内,离心管要成对位放置,若只有一个样品时,可在对位放置一支盛有等重水的离心管,以保持离心机旋转时的转动平衡。

(2) 放好离心管后,把盖旋紧,再把变速旋钮调到最低档,转速由慢到快,逐渐加速,离心 1~3 min 后,将转速由慢到快进行调整,直至"停止"档位,然后任其自行停止后,再取出离心管。

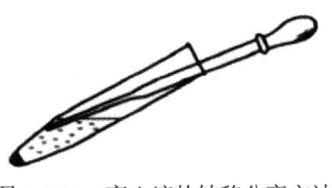

图 1-5-38 离心液的转移分离方法

(3) 离心沉降后,采用吸出法将沉淀和溶液分离，如图 1-5-38 所示。先排出胶头滴管中的空气，再将滴管小心伸入离心管中的上清液中，缓慢将清液吸出，滴管可随清液液面的下降而逐渐下移，但勿与沉淀接触。取出滴管后，可将清液转移入另一接液器内以备用。

(4) 若要得到纯净的沉淀，可往分液后盛有沉淀的离心管内加入适量的洗涤液，用玻璃棒充分搅拌混匀后，再次进行离心分离。重复以上(1)~(4)的操作步骤，直至将沉淀洗净。

常用 LDZ5-2 低速离心机，见本节"一、化学实验常用仪器使用"介绍。

五、干燥剂及干燥器的使用方法及操作

1. 干燥剂　干燥是去除样品中含有的水分或防止其吸收水分的过程，有时也包括样品中其他溶剂的去除。根据不同的除水原理，干燥方法可分为物理方法和化学方法。物理方法有吸附、分馏、共沸蒸馏、冷冻、加热、通入干燥空气和真空干燥等方法。也可采用离子交换树脂或分子筛除水，由于离子交换树脂或分子筛通过多孔吸附水分子，受热后又可释放水分子，可反复使用，是常见的物理吸附干燥剂。化学方法是利用干燥剂与水发生的化学反应来进行除水，根据发生的反应可分为两种类型：一类是干燥剂与水发生可逆反应生成水合物，如无水氯化钙、无水硫酸镁等；另一类是干燥剂与水发生不可逆反应生成其他化合物，如氧化钙、五氧化二磷、金属钠等。一般能够吸收水分的物质都可用作干燥剂，如浓硫酸等，对于各种不同的样品，可根据其性质，结合使用目的及要求选择相应的干燥方法和干燥剂。

根据物质的酸碱性，干燥剂可分为酸性、中性和碱性干燥剂，以及金属干燥剂。选择干燥剂时，应注意干燥剂不与被干燥物质发生化学反应、干燥剂的吸水容量、干燥速率以及干燥后易分离等因素。表 1-5-4 列出了一些常用干燥剂的性能与使用范围。

表 1-5-4　常用干燥剂的性能与使用范围

干燥剂	酸碱性	干燥效率*/(g/m^3)	干燥速率	使用范围	禁用范围	备注
硅胶	中性		快	均适用	HF	需用其他干燥剂初步干燥，可加 $CoCl_2$ 制成变色硅胶
分子筛	酸性		快	有机溶剂	不饱和烃类化合物	需用其他干燥剂初步干燥，尤其适用于低压干燥
$CaCl_2$	含碱性杂质(CaO)	0.14~0.25	较快	烃、卤代烃、醚、硝基化合物、HCl	NH_3、醇、酚、胺、酰胺及某些醛、酮	与含氯和氧的化合物溶化或反应
$MgSO_4$	中性,偏弱酸		较快	均适用		可用于 $CaCl_2$ 不能干燥的多类化合物
Na_2SO_4	中性		缓慢	均适用		常用作初步干燥

续表

干燥剂	酸碱性	干燥效率* (g/m^3)	干燥速率	使用范围	禁用范围	备注
P_2O_5	酸性	2×10^{-5}	快	多数中性或酸性气体、烃、卤代烃、醚、酸、酸酐、腈	碱性物质、醇、酮、醚、HCl、HF	需用其他干燥剂初步干燥,易潮解
CaO	碱性	0.2	较快	中性和碱性气体、胺、醇、醚	醛、酮、酸性物质	适用于干燥气体
金属钠			快	饱和烃、醚、芳烃	H_2O	须隔绝空气和水
浓 H_2SO_4	酸性	0.003	快	中性或酸性气体、饱和烃、卤代烃、芳烃	不饱和化合物、醇、酮、酚、碱性物质、H_2S、HI	不适用于高温和真空干燥
NaOH/KOH	碱性	0.16 / 0.002	快	NH_3、胺、醚、烃、杂环等碱性化合物	醛、酮、酸性物质	易潮解

*干燥效率表示 25℃时,干燥剂干燥 1 m^3 空气实际上余留的水蒸气的量,用 g/m^3 表示。

2. 干燥器的使用方法及操作　　为了防止一些易受潮的样品及灼烧过的坩埚吸收空气中的水分,通常将它们放入干燥器内进行保存备用。干燥器是一种具有磨口盖子的厚壁玻璃器皿,有无色和棕色两种。干燥器的底部装有干燥剂,其中部放置一有孔的瓷板,以盛放样品。常用变色硅胶、无水氯化钙、分子筛等,有时根据需要放置一杯浓硫酸作为干燥剂,但要注意杯中浓硫酸容量,不能因吸水后溢出。干燥器的上口与盖子均为磨口,使用时在磨口处涂抹一层凡士林,可使其密封性更好。开启干燥器时,一只手轻轻扶住干燥器外壁,另一只手沿水平方向推动盖子,即可打开干燥器,如图 1-5-39 所示。取样时,切勿将盖子磨口一边搁置桌上,以免重新盖上时降低干燥器的密封性。结束时,沿水平方向将干燥器盖子盖好。

一些样品易吸水,经高温焙烧干燥后,可将样品稍微冷却,再放入干燥器中密封保存,不必冷却至室温。待放入后,需短时间内把干燥器的盖子打开 1~2 次,以免干燥器内空气受热膨胀,增大压力,甚至崩开盖子;同时,干燥器内空气先受热膨胀,再冷却收缩,将使得盖子难以打开。

真空干燥器(图 1-5-40)是在盖子上加有活塞通管,通过真空泵抽掉其内部空气,减压加速干燥。干燥时,不需连续抽气,将压力降到一定真空度,关闭活塞,即可维持一段时间。

六、气体的制备、净化及气体钢瓶的使用

1. 气体的制备　　实验室制备少量气体,可根据反应物的状态和反应条件选择不同的反应装置,常见的制备方法见表 1-5-5。

图 1-5-39 干燥器的开启

图 1-5-40 真空干燥器

表 1-5-5 气体的制备方法及实验装置图

气体的制备方法	实验装置图	适用气体	备注
加热固体制备气体		O_2、N_2、NH_3 等	①试管口稍微向下倾斜,以免管口冷凝的水珠流入管内灼烧处,发生爆裂;②检查气密性
块状或粗粒状的固体与液体反应制备气体		H_2、CO_2、H_2S 等	见下文启普发生器的使用方法
颗粒较小的固体与液体反应、液体与液体反应或加热反应制备气体		HCl、Cl_2、SO_2 等	①用烧瓶或抽滤瓶作为反应器;②恒压分液漏斗管,使烧瓶和漏斗内气体压力相等,反应过程中可使溶液靠自身的重力连续滴加到反应器中;③必要时可稍微加热;④若一段时间后,反应变得缓慢,需更换试剂
从钢瓶直接获得气体		H_2、O_2、N_2、CO_2、空气等	

实验时，常用启普发生器制备少量 H_2、CO_2、H_2S 等气体。如图 1-5-41 所示，启普发生器是由一个葫芦状的玻璃容器和一个球形漏斗组成。玻璃容器的球形部分上侧有气体出口，通过橡皮塞与带有玻璃旋塞的导气管连接，利用旋塞控制气体流量；下侧有排除废液的出口，可用磨口玻璃塞或橡胶塞塞紧。若制备有毒气体(如 H_2S)，应在球形漏斗上加装安全漏斗，弯管处加入少量水，通过液封作用可防止有毒气体逸出。

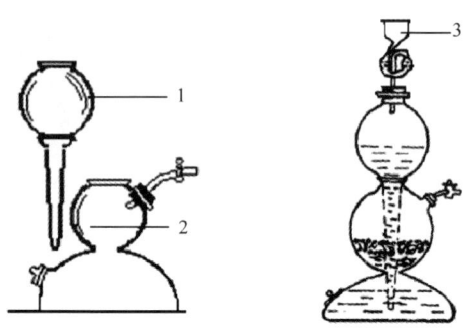

图 1-5-41　启普发生器
1.球形漏斗；2.玻璃容器；3.安全漏斗

启普发生器的使用方法：

(1) 装配：在球形漏斗和玻璃旋塞的磨口处，涂上一层凡士林，将其插入玻璃容器中，然后转动几次使凡士林均匀，不致漏气。

(2) 检漏：开启旋塞，将水从球形漏斗口注入玻璃容器至充满下半球体时，关闭旋塞。继续加水至一定高度，静置片刻，若漏斗中的液面不下降，说明无漏气，否则检查可能漏气的地方，采取相应措施。

(3) 装样：固体(块状或粗粒状)从玻璃容器气体出口处加入，所加入量不宜超过球体溶剂的 1/3，以免试剂被气体从导管冲出。酸液从球形漏斗加入，先打开导气管旋塞，然后加入酸液，当液体临近玻璃容器下半球体颈部，但未与固体接触时，关闭旋塞，继续往球形漏斗中加入适量酸液(酸量以打开旋塞后，液体刚好浸没固体为宜)。

(4) 反应：使用时，将旋塞打开，由于压力差，酸液将从球形漏斗下降至下半球体，通过狭缝进入中间球体与固体接触，发生反应，产生气体。若要停止使用，关闭旋塞，中间球体内的气体因压力增大，将酸液压回球形漏斗中，使固体与酸液无法接触而停止反应。继续使用时，则打开旋塞即可，气体的流速还可通过调节旋塞来控制，使用非常方便。

(5) 添加或更换试剂：启普发生器中的酸液使用一段时间后会变稀，这时可将下半球体的橡皮塞(或磨口玻璃塞)拔出，倒出废液，重新塞好，再按照步骤(3)加入酸液。若需更换或添加固体时，可将装有玻璃旋塞的橡胶塞取下，从玻璃容器气体出口处加入固体。

2. 气体的净化　实验室通过化学反应制备出的气体常常带有酸雾和水蒸气等杂质，需进行净化和干燥，该过程通常在洗气瓶、干燥塔和 U 形管中进行(图

1-5-42)。一般液体(如水、硫酸)装在洗气瓶中，固体(如无水 $CaCl_2$、硅胶)装在干燥塔或 U 形管内，然后通过化学反应或吸收、吸附等物理化学过程将杂质除去，达到净化的目的。

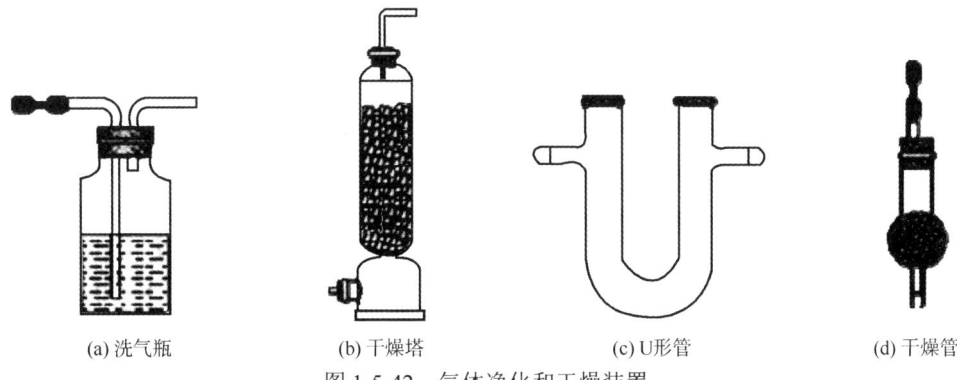

(a) 洗气瓶　　　　(b) 干燥塔　　　　(c) U形管　　　　(d) 干燥管

图 1-5-42　气体净化和干燥装置

由于气体和杂质的性质不同，应选用不同的物质对气体进行净化和干燥。如用水或玻璃棉可除去可溶性杂质和酸雾；用氧化性洗涤剂除去还原性杂质，如 SO_2、H_2S、AsH_3 等杂质，可经过 $Kr_2C_2O_4$ 与 H_2SO_4 组成的酸溶液或 $KMnO_4$ 与 KOH 组成的碱溶液除去；用还原性洗涤剂除去氧化性杂质，如 O_2 可通过灼热的还原铜粉除去；对于具有酸性或碱性的杂质，可用碱、不挥发性酸液除去，如 CO_2 可用 $NaOH$ 溶液除去，NH_3 可用稀 H_2SO_4 除去。除掉杂质后，再根据气体的性质，采用不同干燥剂进行处理，常用气体干燥剂见表 1-5-6。

表 1-5-6　常用气体干燥剂

气体	干燥剂	气体	干燥剂
H_2		NO	$Ca(NO_3)_2$
O_2		HI	CaI_2
N_2	无水 $CaCl_2$、P_2O_5、浓 H_2SO_4	HBr	$CaBr_2$
CO		HCl	
CO_2		H_2S	无水 $CaCl_2$
SO_2		O_3	
NH_3	CaO 或 CaO 与 KOH 的混合物	Cl_2	

3. 气体的收集　根据气体的密度和在水中溶解的情况，常见有两大类气体收集方法，一种是排水法，另一种是排气法，如表 1-5-7 所示。

表 1-5-7　常见气体收集方法

收集方法	实验装置图	适用气体	备注
排水收集法		难溶于水的气体，如 H_2、O_2、N_2、CO、NO、乙烯、乙炔等	①集气瓶装满水并无气泡；②若为加热反应制备气体，停止收集气体时，应先移出导气管，再停止加热

收集方法	实验装置图	适用气体	备注
向下排空气法		比空气轻的气体,如 N_2、NH_3 等	①导气管尽量接近集气瓶的底部;②密度与空气相接近或在空气中易氧化的气体(如 CO 等)不宜用排气法收集气体
向上排空气法		比空气重的气体,如 HCl、Cl_2、CO_2、SO_2 等	

4. 气体钢瓶的使用

(1) 气体钢瓶的标记:实验时,若需使用大量气体,可从气体钢瓶中直接获取气体。高压钢瓶容积一般为 40~60 L,最高工作压力为 15 MPa,最低为 0.6 MPa。根据 GB/T 16163—2012《瓶装气体分类》,钢瓶内气体的状态可分为压缩气体(永久气体)、液化气体和溶解气体(低压液化气体)。当气体的临界温度小于–40℃时,经高压压缩后,仍处于气态的气体,为压缩气体;当气体的临界温度为–40~65℃时,经高压压缩后,气体转为液态,气液共存处于平衡状态,则为液化气体;气体的临界温度大于 65 ℃的为溶解气体(低压液化气体)。若气体高压压缩会导致气体分解、爆炸等危险过程,这时须在加高压的同时,将其溶解在适当的溶剂中,并用多孔材料对其进行吸收。为了避免使用钢瓶时发生混淆,国家对高压钢瓶的漆色与标志有统一规定,见表 1-5-8。

表 1-5-8 高压气体钢瓶常用标记

气体类别	瓶身颜色	标字颜色	瓶内气体状态
氢气	深绿色	红色	压缩气体
氧气	天蓝色	黑色	压缩气体
氮气	黑色	黄色	压缩气体
空气	黑色	白色	压缩气体
氦气	灰色	绿色	压缩气体
氩气	灰色	绿色	压缩气体
氨气	黄色	黑色	液化气体
氯气	草绿色	白色	液化气体
二氧化碳	铝白色	黑色	液化气体
乙炔	白色	黑色	溶解气体
其他可燃气体	红色	白色	—
其他不可燃气体	黑色	黄色	—

(2) 气体钢瓶的使用方法及注意事项

1) 气体钢瓶的使用方法。

使用气体钢瓶时,应先安装配套减压器(图 1-5-43)。可燃性气体(如氢气、乙炔等)的钢瓶,减压器的连接螺纹是左旋的;非可燃性气体(如氮气、氧气等),减压器的连接螺纹是右旋的。安装时,先将钢瓶侧面支管的灰尘、脏物等清理干净,再将其与减压器连接并拧紧,同时检查丝扣是否有滑牙,确保安装牢固后,才能打开钢瓶总压阀,并注意高压压力计的指示压力。然后慢慢旋紧减压器上的旋杆(减压阀),调节至低压压力计上的示数为所需的压力,同时检查连接口有无漏气现象。实验结束时,应先关闭总压阀,将减压器内的气体全部放尽,旋松减压器上的旋杆即可。

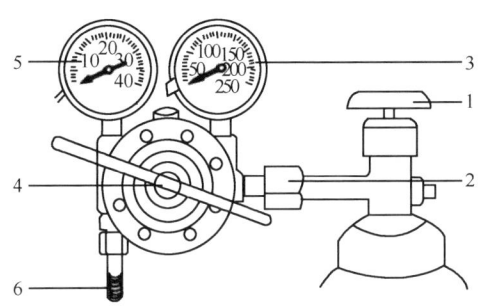

图 1-5-43 氧气表结构

1.总压阀;2.气表和钢瓶连接螺丝;3.总压表;4.减压阀;5.分压表;6.供气阀

2) 使用气体钢瓶的注意事项。

气体钢瓶应存放于阴凉、干燥、震动和远离热源(如阳光、暖气、炉火)的地方。可燃性气体钢瓶和氧气瓶不能存放于同一室内,须分开存放。

切勿将油、有机物或其他易燃物沾在气体钢瓶上(特别是气门嘴和减压阀),也不可用棉、麻等易燃物堵漏,以防燃烧引起事故。

使用钢瓶内气体时,需加减压器再使用,各种气体的减压器不得混淆,以防爆炸。

不可将钢瓶内的气体全部用完,须保留 0.05 MPa 以上的残留压力,可燃性气体应余 0.2~0.3 MPa,以防空气倒灌,下次充气时发生危险。

气体钢瓶要经常检查是否有泄漏,特别是易燃、易爆、有毒等气体钢瓶,如氢气。

通常化学实验所需要的仪器较多,部分常用的仪器如表 1-5-9 所示。

表 1-5-9 部分常用化学仪器名称

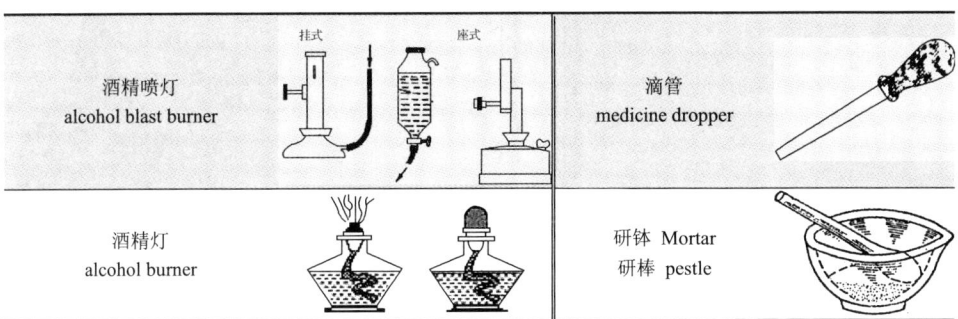

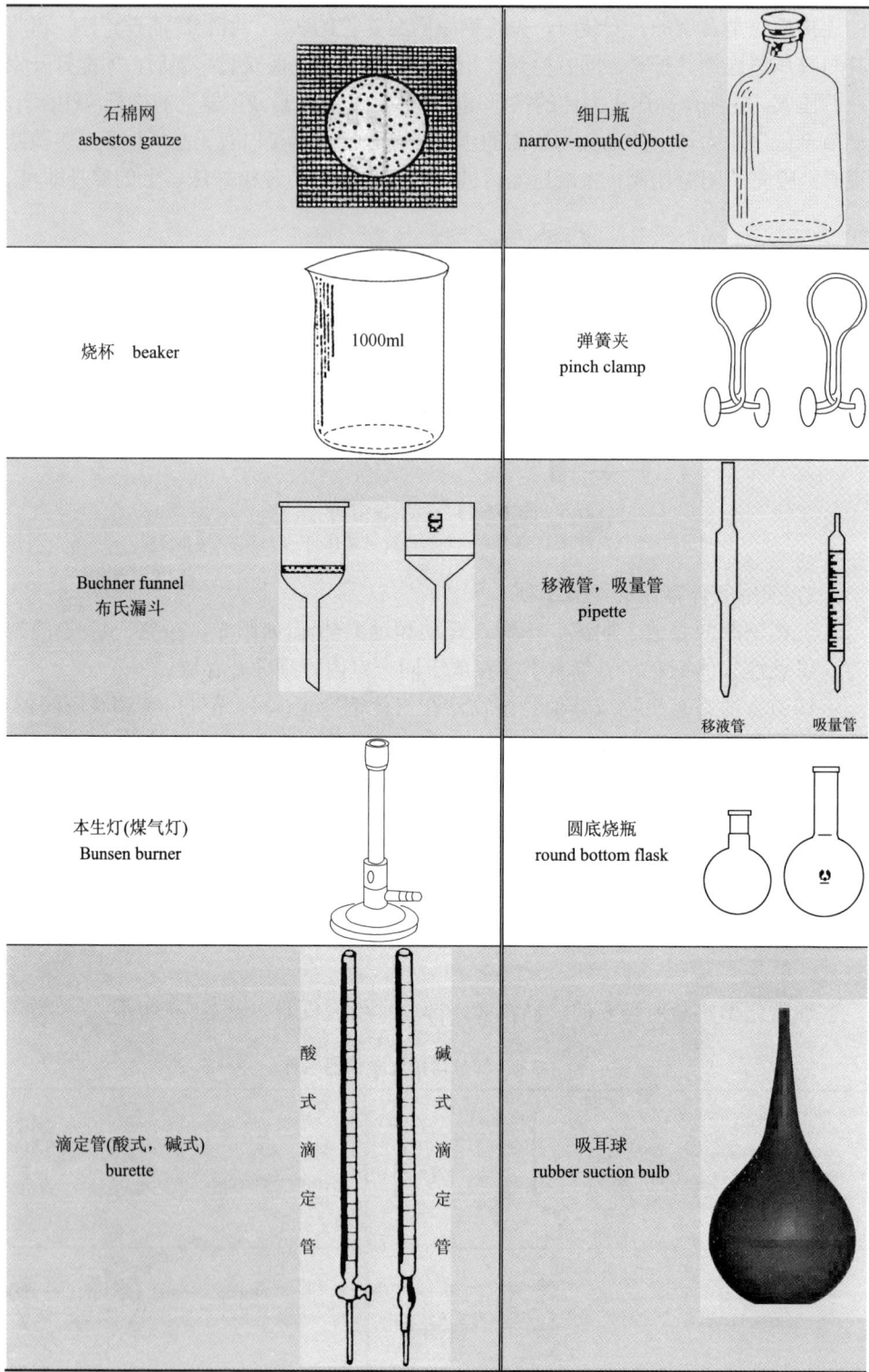

续表

石棉网 asbestos gauze	细口瓶 narrow-mouth(ed)bottle
烧杯 beaker	弹簧夹 pinch clamp
Buchner funnel 布氏漏斗	移液管，吸量管 pipette （移液管　吸量管）
本生灯(煤气灯) Bunsen burner	圆底烧瓶 round bottom flask
滴定管(酸式，碱式) burette （酸式滴定管　碱式滴定管）	吸耳球 rubber suction bulb

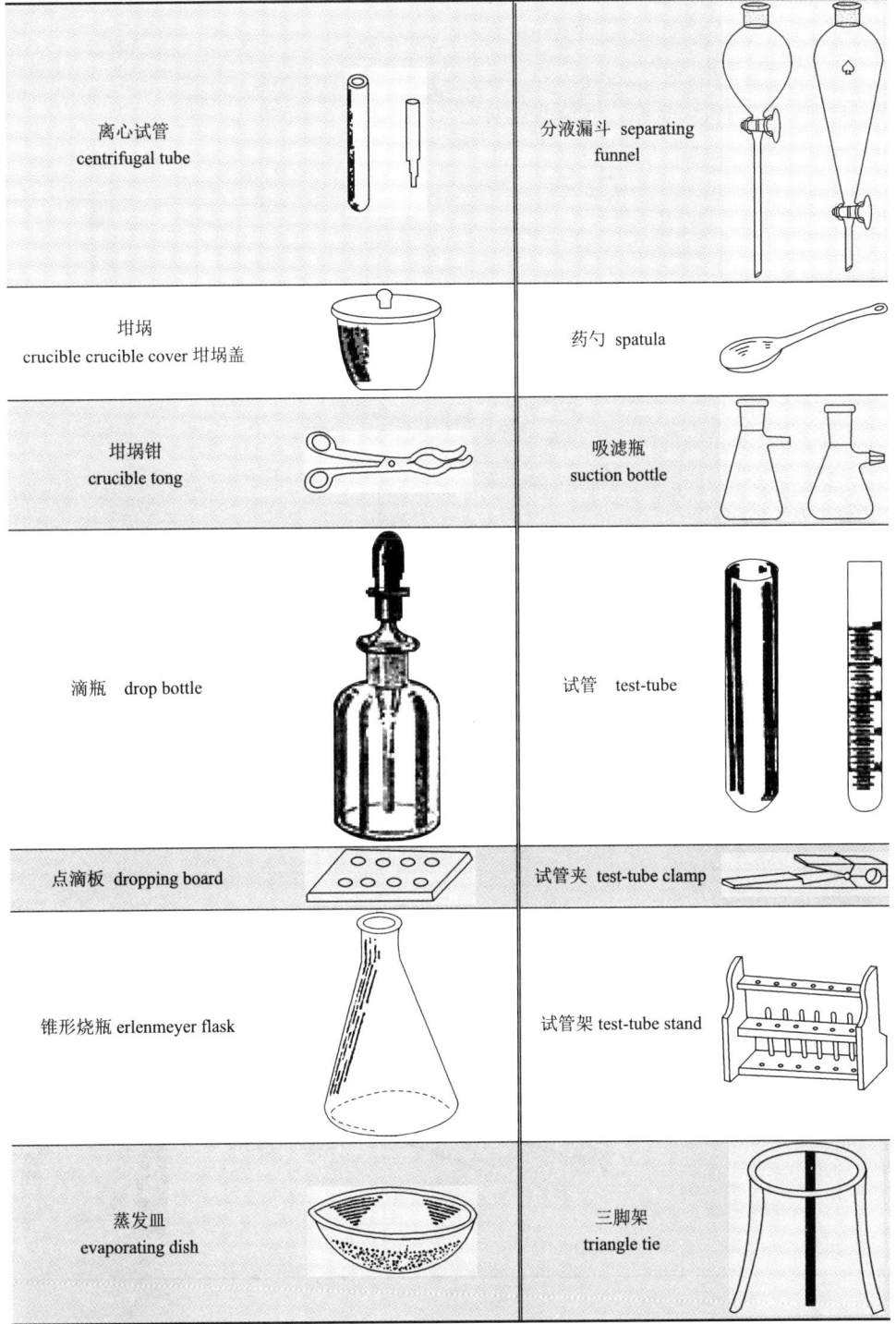

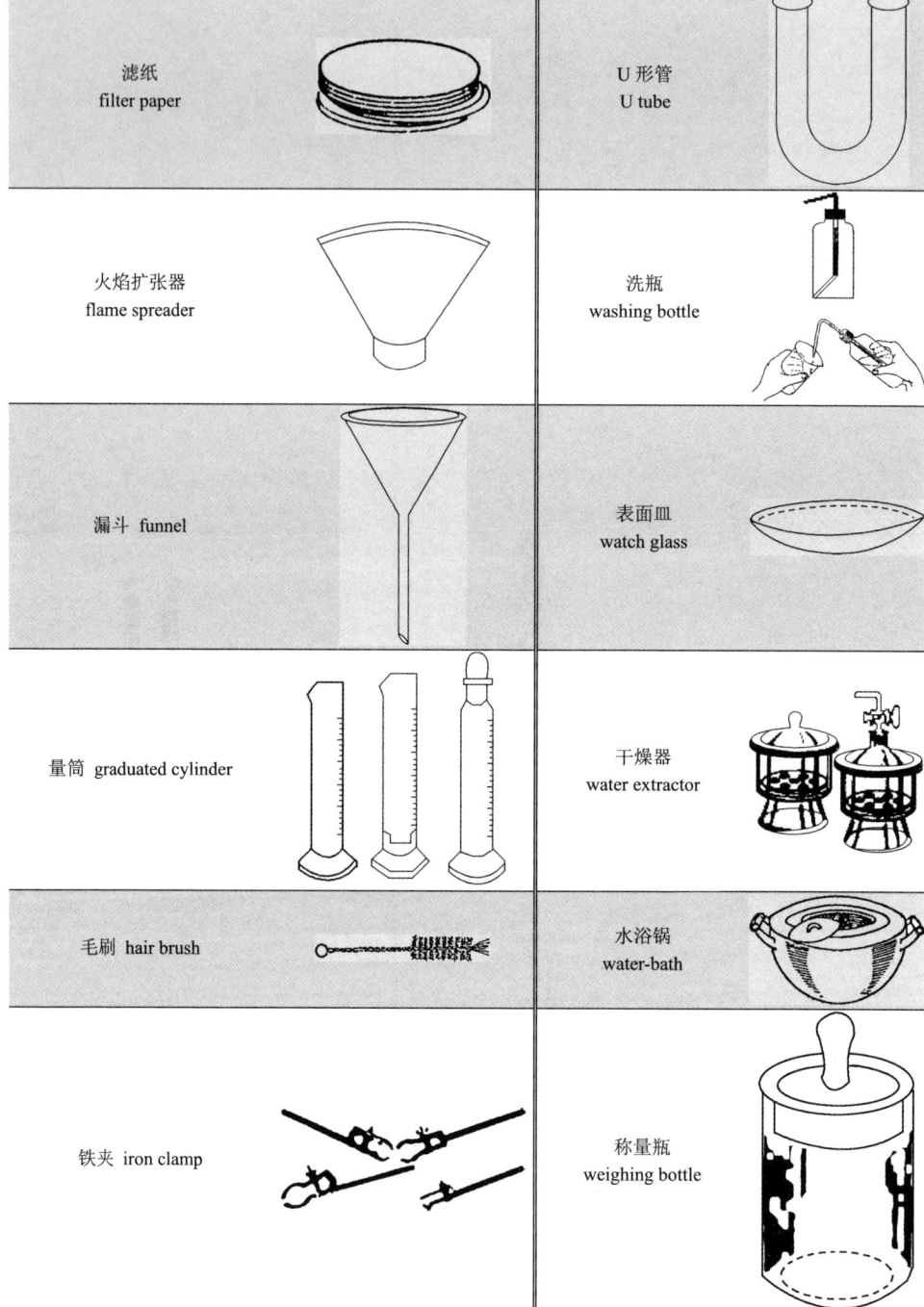

滤纸 filter paper		U形管 U tube	
火焰扩张器 flame spreader		洗瓶 washing bottle	
漏斗 funnel		表面皿 watch glass	
量筒 graduated cylinder		干燥器 water extractor	
毛刷 hair brush		水浴锅 water-bath	
铁夹 iron clamp		称量瓶 weighing bottle	

续表

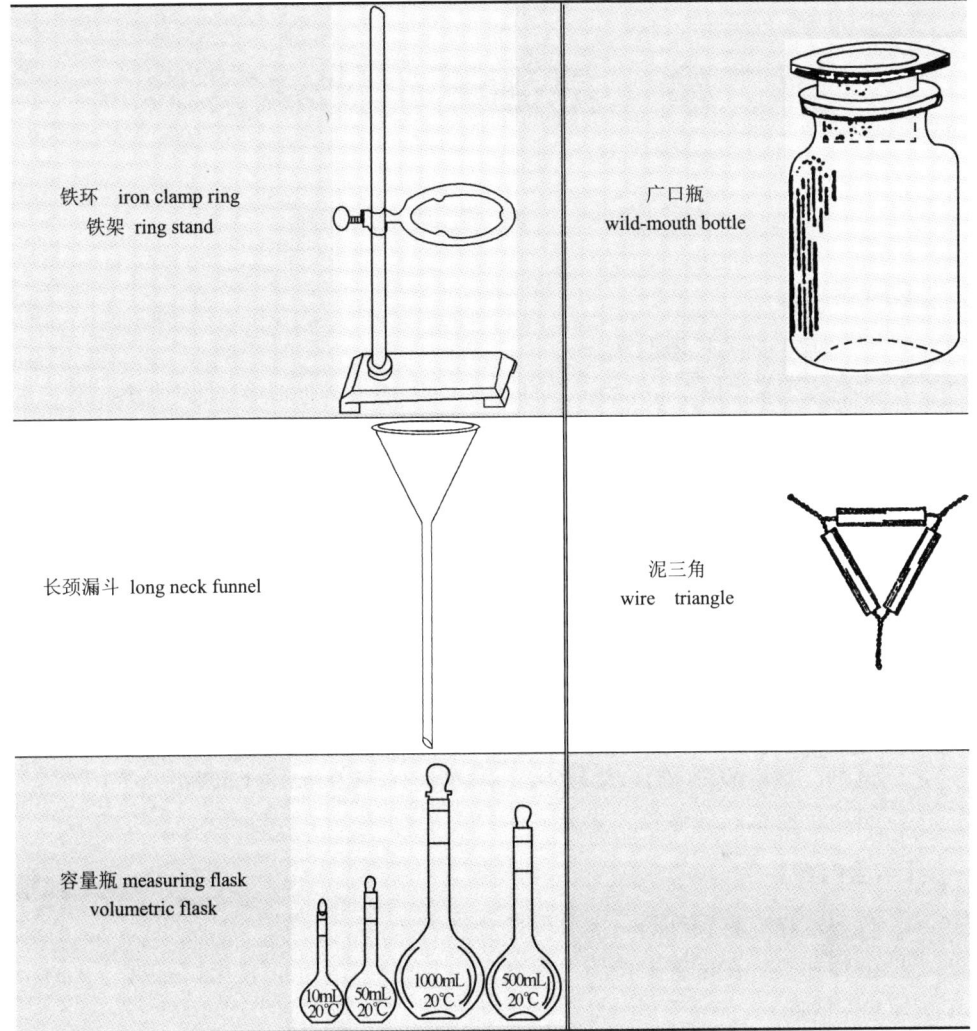

铁环 iron clamp ring 铁架 ring stand	广口瓶 wild-mouth bottle
长颈漏斗 long neck funnel	泥三角 wire triangle
容量瓶 measuring flask volumetric flask	

第二章 基础无机化学实验

实验一 基本操作训练

【实验目的】

1. 学习常用玻璃仪器的洗涤。
2. 训练下列基本操作：托盘天平的使用；在试管或其他玻璃器皿中加热液体；量筒的使用；试剂的取用；沉淀的过滤和洗涤；洗液的配制；酒精灯和酒精喷灯的使用。

【实验原理】

预习"无机化学实验基本操作"中关于托盘天平的使用；仪器洗涤；常用的加热操作；沉淀的过滤和洗涤；酒精灯和酒精喷灯的使用等内容。

【主要仪器和试剂、材料】

1. 仪器：托盘天平、试管、试管架、量筒、烧杯、玻璃漏斗、酒精灯、酒精喷灯。
2. 试剂：重铬酸钾(固)、草酸(固)、硫酸(浓)、1.0 mol/L $CaCl_2$。
3. 材料：滤纸、玻璃棒、火柴。

【实验内容】

1. 仪器洗涤　将领到的一部分仪器洗涤干净。
2. 液体加热　在试管中盛约占其高度 1/3 的去离子水，使用试管夹，在酒精灯上加热至沸腾。
3. 量筒的使用　用量筒量 3mL 水，倒入一支试管中，注意液体高度约占试管的几分之几(以后的实验中不用量筒或量杯时，便可根据此经验估计所取得液体试剂的体积)。用同法量取 5mL 和 7mL 水各一次。
4. 洗液的配制　称量 5.0g 固体重铬酸钾(使用干燥的表面皿)，转移至 250mL 的烧杯中，缓慢加入 100mL 浓硫酸，搅拌溶解，得重铬酸钾洗液(注意安全！)，待冷却后，注入试剂瓶中备用。
5. 沉淀的过滤和洗涤　称取 1.0 克草酸固体，倒入 50mL 小烧杯中，逐滴滴入 1.0mol/L $CaCl_2$ 5mL，同时不断用玻璃棒搅拌，观察白色沉淀的析出。待沉淀分层后，用倾泻法(又称倾析法)过滤沉淀，用倾泻法洗涤沉淀两次(每次用去离子水 10mL)，将上层清夜转移至漏斗中，过滤，然后将 CaC_2O_4 沉淀转移到滤纸上，再用洗瓶吹出水洗涤沉淀，观察滤液是否澄清。

6. 使用酒精灯的规则

(1) 只能用火柴或者燃着的木条点燃酒精灯,切勿用燃着的酒精灯去点燃另一盏灯,以防酒精倾出起火。

(2) 熄灭酒精灯时,要用灯帽来盖灭,切勿用嘴吹。

(3) 酒精灯不用时应随即熄灭,以节省酒精,盖上灯帽,以防止灯芯吸水,再使用时不易点燃。

(4) 酒精灯长时间使用及在石棉网下加热时,灯壶口端发热。因此灯熄灭后可暂将灯帽拿开,待冷却后再盖上,以防冷灯帽使酒精蒸气冷凝而导致灯壶口炸裂。

(5) 当酒精溢出着火时,由于酒精是水溶性的,可用水扑灭。

7. 酒精喷灯的使用方法

(1) 将酒精壶的盖旋开,灌入清洁酒精数百毫升,然后将盖旋好,并将橡皮管的一端连在木柄的接头上。打开酒精壶开关,使酒精经过皮管流入灯体,将酒精壶高挂在墙(或者其他支持物)上,以增加压力。

(2) 在预热盘内加入适量酒精,然后用火柴点燃开始预热。

(3) 当预热盘内酒精将要燃尽前,用手开启开关,使火焰喷出(若发现火焰不均或不见火焰喷出,则用通针通喷嘴的小孔即可)。

(4) 停止使用时,应关闭喷灯的开关及酒精壶开关,火即熄灭。

(5) 酒精喷灯的温度可高达 700~900℃,操作时需防烫伤,另外,喷灯开动后,人不能离灯,谨防火灾。

【注意事项】

1. 进行洗液的配制时,转移或吸取浓硫酸一定要正确操作,防止烧伤。
2. 沉淀的洗涤应注意少量多次,以保证沉淀洗涤干净。

【思考题与讨论】

1. 为什么要洗涤实验用的仪器?如何洗涤?
2. 在试管中加热液体时,应注意哪几点?
3. 怎样从试剂瓶中取出液体试剂?
4. 普通过滤操作怎样进行?应注意哪些事项?
5. 什么叫做倾泻(析)过滤和倾泻(析)洗涤?它们各有什么优点?
6. 使用酒精灯和酒精喷灯时,应注意哪些事项?

(陆家政)

实验二 常见溶液的配制

【实验目的】

1. 学习吸量管、容量瓶、电子天平、酸度计的使用方法。

2. 掌握以质量分数、质量摩尔浓度、物质的量浓度等为量度的溶液的一般配制方法。

3. 掌握常见溶液配制的基本操作。

【实验原理】

在实际工作中,常需要现配现用各种溶液来完成项目测定。如果实验对溶液浓度的准确度要求不高,可用精确度不高的仪器,如用精密度低于百分之一克的天平、量筒等配制即可。如果实验对溶液浓度的精密度要求较高,就要使用精密度高的仪器,如万分之一克以上的分析天平、移液管、容量瓶等配制。

在2015年版《中华人民共和国药典》四部中规定:实验中"称重"或"量取"的量,其精确度可根据数值的有效位数来确定,如称取"0.1 g",系指称取质量可为0.06~0.14 g;称取"2 g",系指称取质量可为1.5~2.5 g;称取"2.0 g",系指称取质量可为1.95~2.05 g;称取"2.00 g",系指称取质量可为1.995~2.005 g。"精密称定"系指称取质量应准确至所取质量的千分之一;"称定"系指称取质量应准确至所取质量的百分之一;"精密量取"系指量取体积的准确度应符合国家标准中对该体积的精密度要求,如用移液管可精密量取相应体积;"量取"系指可用量筒或按照量取体积的有效数位选用量具。取用量为"约"若干时,系指取用量不得超过规定量的±10%。

实验用的试液、缓冲液、指示剂、滴定液等试剂,除了另有规定外,均应该根据要求选用不同等级并符合国家标准或国务院有关行政主管部门规定的试剂标准。我国的试剂规格基本上按纯度(杂质含量的多少)划分,共有高纯、光谱纯、基准、分光纯、优级纯、分析纯和化学纯7种。国家和主管部门颁布质量指标的主要有优级纯、分级纯和化学纯3种。

(1) 优级纯试剂(guaranteed reagent,GR),又称一级品或保证试剂,这种试剂纯度最高(99.8%),杂质含量最低,适合于重要精密的分析工作和科学研究工作,使用绿色瓶签。

(2) 分析纯试剂(analytical reagent,AR),又称二级试剂,纯度很高(99.7%),略次于优级纯,适合于重要分析及一般研究工作,使用红色瓶签。

(3) 化学纯试剂(chemical pure,CP),又称三级试剂,≥99.5%,纯度与分析纯相差较大,适用于工矿、学校一般分析工作,使用蓝色(深蓝色)标签。

(4) 实验试剂(laboratory reagent,LR),又称四级试剂。

除了上述四个级别外,目前市场上尚有:①基准试剂(primary reagent,PT)。专门作为基准物用,可直接配制标准溶液。②光谱纯试剂(spectrum pure,SP)。表示光谱纯净,但由于有些杂质在光谱上显示不出,所以有时主成分达不到99.9%以上,使用时必须注意,特别是作基准物时,必须进行标定。

对于容易水解的物质,在配制溶液时首先以相应的酸溶解,再加水稀释。配制难溶于水的溶液,如I_2溶液,则需用KI溶液进行配制,通过I_2与I^-作用生成离子而增加其溶解度和减少其挥发性。对于实验条件有特殊要求的溶液,如具有确定 pH 的溶液,应根据试剂手册上所需试剂的准确数值进行直接配制,或首先计算出所需试剂的共轭酸和共轭碱的量,并以此量进行混合溶解,接着在酸度计监测并搅拌下,用强酸或强碱调至准确 pH 即为所需溶液。对于医药学上常用的生理等渗溶液或生理缓冲溶液,严格按试剂手册或文献报道的参数进行配制。

常见不同浓度溶液配制步骤如下:

1. 由固体试剂配制溶液

(1) 粗略配制:根据所用溶液量度,算出配制一定体积溶液所需固体试剂的质量,用电子天平称取所需固体试剂的质量,倒入烧杯中,加入少量蒸馏水,搅拌使固体完全溶解,若溶解为吸热或放热过程,均待溶液冷至室温,再转移入量筒,用蒸馏水稀释至刻度,即得所需溶液。所配溶液移入试剂瓶中保存,贴上标签即可。

(2) 准确配制:根据所用溶液量度,算出配制给定体积溶液所需固体试剂的质量,用电子天平(准确度为万分之一克)精密称定出固体试剂的质量,放在烧瓶中,加总体积的 1/10～1/5 蒸馏水使其完全溶解。将溶液转移到容量瓶(与所配溶液体积相应的)中,用少量蒸馏水洗涤烧杯 2～3 次,洗涤液一并移入容量瓶中,再加蒸馏水至标刻线处,盖上塞子,将溶液上下倒置混匀即成所配溶液,然后将溶液移入试剂瓶中保存,贴上标签即可。

2. 由溶液(或浓溶液)试剂配制溶液

(1) 粗略配制:先用比重计测量液体(或浓溶液)的相对密度,从有关表中查出其相应的质量分数,计算出配制一定量度单位的溶液所需液体(或浓溶液)用量,用量筒量取所需的液体(或浓溶液),倒入装有少量水的有刻度烧瓶中混合,如果溶液放热,需冷却至室温,再用水稀释至刻度。搅拌使其均匀,然后移入试剂瓶中保存,贴上标签备用。

(2) 准确配制:当用较浓的准确浓度的溶液配制较稀准确浓度的溶液时,先计算所需浓溶液的体积,然后用处理好的移液管移取所需溶液注入给定体积的洁净容量瓶中,再加蒸馏水至标线处,混匀后,倒入试剂瓶保存,贴上标签备用。

磷酸缓冲盐溶液(phosphate buffer saline,PBS),是与人体血浆渗透压(280～320 mmol/L)等渗,且 pH 处于 7.35～7.45 范围的磷酸盐缓冲液。医学上常用 PBS 作为体外细胞缓冲培养液。它是化学及药学实验中广泛使用的一种缓冲液,主要成分为 Na_2HPO_4、KH_2PO_4、$NaCl$ 和 KCl,由于 Na_2HPO_4 和 KH_2PO_4 有二级解离,缓冲的 pH 范围很广;而 $NaCl$ 和 KCl 主要作用为增加盐离子浓度,维持溶液的渗透浓度。根据不同用途,不同 pH 的 PBS 有不同的配制方法,可参考药典获得相应配制方法。如用于细胞培养的 pH = 7.40 的 PBS 配方为:8.00 g NaCl,0.20 g KCl,0.24 g KH_2PO_4,1.44 g Na_2HPO_4,加水至 800 mL,溶解后用 HCl 调 pH 至 7.4,补水至 1L,消毒灭菌即得。

【主要仪器和试剂、材料】

1. 仪器:烧杯(50 mL、100 mL、250 mL)、量筒(50 mL)、吸量管(5 mL、10 mL)、

容量瓶(50 mL、250 mL)、试剂瓶、电子天平(百分之一克、万分之一克)、酸度计。

2. 试剂与材料：2.00mol/LHCl、$CuSO_4 \cdot 5H_2O$、NaCl、KCl、$CaCl_2$、$NaHCO_3$、Na_2HPO_4、KH_2PO_4。

【实验内容】

1. 配制 50 mL 0.20 mol/L 的 $CuSO_4$ 溶液。
2. 配制 50 mL 0.200 mol/L 的 HCl 溶液。
3. 配制 250 mL 质量分数为 0.9000 %的生理盐水。按 NaCl：KCl：$CaCl_2$：$NaHCO_3$ = 45：2.1：1.2：1 的比例，在 NaCl 的溶液中分别加入 KCl、$CaCl_2$、$NaHCO_3$，经消毒后即得0.9000%的生理盐水。
4. 配制 250 mL pH = 7.4 的 PBS 缓冲液。精密称定 2.000 g NaCl，0.050g KCl，0.060 g KH_2PO_4，0.360 g Na_2HPO_4，用 200 mL 蒸馏水溶解后用 HCl 调 pH 至 7.4，再转移入容量瓶中定容至 250 mL。

【注意事项】

1. 使用有刺激性气味的试剂一定要在通风柜中完成操作。
2. 注意实验对试剂准确度的要求。
3. 配好的溶液若受光影响会发生分解或转化反应的应于暗处保存。

【思考题与讨论】

1. 配制易水解物质时要注意什么？
2. 配制 HCl 溶液时要注意什么？
3. 普通溶液与缓冲溶液有什么不同？为什么缓冲溶液具有缓冲作用？

(李福森)

实验三　弱电解质解离和沉淀溶解平衡

【实验目的】

1. 学习弱酸(碱)的解离平衡及平衡移动的基本原理。
2. 学习沉淀溶解平衡的特点及其平衡移动的基本原理。
3. 进一步学习和理解缓冲溶液的性质。
4. 熟练掌握酸碱指示剂和 pH 试纸的使用。
5. 学习离心分离的操作，熟练掌握离心机的使用。

【实验原理】

1. 弱酸(碱)的解离平衡及其平衡的移动　弱酸(碱)在水溶液中是部分解离的，存在解离平衡，解离平衡是质子传递的过程。如果在弱酸(碱)的解离平衡中加入与弱酸(碱)具有相同离子的强电解质，将使弱电解质的电离度降低，解离平衡向生成弱电解质的方向移动。

2. 缓冲溶液 弱酸(碱)及其盐的混合溶液,可以抵抗少量的强酸(碱)的加入及少量稀释,从而使溶液的 pH 基本保持不变,这种溶液称为缓冲溶液。

3. 盐类水解反应 有些盐的水溶液呈现酸碱性,这是盐类离子水解的结果。例如,$Bi(NO_3)_3$ 水解时能产生难溶的 $BiONO_3$ 白色沉淀,同时,使溶液的酸性增强。在这个体系中,加入蒸馏水或者低浓度盐酸溶液将会使平衡产生移动。

$$Bi(NO_3)_3 + H_2O \rightleftharpoons BiONO_3\downarrow + 2HNO_3$$

4. 难溶电解质的沉淀溶解平衡及其平衡的移动 对于任一难溶于水的电解质,在水溶液中都存在沉淀溶解平衡。其平衡常数又称溶度积常数,用 K_{sp} 表示。

沉淀溶解平衡移动的方向可以用溶度积规则来判断。沉淀溶解反应的反应商称为 Q,当 $Q = K_{sp}$ 时,体系为饱和溶液,处于沉淀-溶解平衡;当 $Q < K_{sp}$ 时,体系为不饱和溶液,或沉淀溶解;当 $Q > K_{sp}$ 时,体系会生成沉淀。根据此规则,在一定温度下,通过控制难溶电解质溶液中离子的浓度,就可以使难溶电解质生成沉淀或使其溶解。

【主要仪器和试剂、材料】

1. 仪器:离心机、酒精灯、烧杯、量筒、离心试管、试管、滴管。

2. 试剂:(6.0mol/L、2.0mol/L、0.10mol/L)HCl、(2.0mol/L、0.10mol/L)HAc、(0.10mol/L、2.0mol/L)NaOH、(2.0mol/L、0.10mol/L)$NH_3·H_2O$ 、0.10mol/L NaCl 、0.10mol/L Na_2SO_4 、(2.0mol/L、0.10mol/L)NaAc、1.0mol/L Na_2S 、0.10mol/L Na_2CO_3 、0.10mol/L Na_2HPO_4 、0.10mol/L NaH_2PO_4 、0.10mol/L KI、0.10mol/L K_2CrO_4 、0.10mol/L NH_4Cl 、0.10mol/L NH_4Ac 、0.10mol/L $Pb(NO_3)_2$ 、0.10mol/L $AgNO_3$、0.10mol/L$(NH_4)_2C_2O_4$ 、0.10mol/L $MgCl_2$ 、0.10mol/L $CaCl_2$)、$Bi(NO_3)_3$(固体)、NH_4Cl(固体)、1%酚酞指示剂 、1%甲基橙指示剂、百里酚蓝指示剂。

3. 材料:pH 试纸、精密 pH 试纸。

【实验内容】

1. 弱酸(碱)的解离平衡及其平衡移动

(1) 取两支小试管(A 和 B),在 A 试管中加入 1mL 0.10mol/L HCl 溶液,在 B 试管中加入 1mL 0.10mol/L HAc 溶液,然后在两个试管中都加入 1 滴甲基橙指示剂,摇匀,比较溶液的颜色,解释。

(2) 在(1)的 B 试管中,继续加入 1mL 0.10mol/L NaAc 溶液,观察溶液颜色的变化,解释。

(3) 利用 0.10mol/L $NH_3·H_2O$ 溶液,设计一个实验,证明同离子效应能使氨的解离度下降(选择酚酞指示剂)。

2. 缓冲溶液

(1) 在小烧杯中加入 3mL 0.10mol/L HAc 和 3mL 0.10mol/L NaAc 溶液配成 HAc-NaAc 缓冲溶液,加入 5 滴百里酚蓝指示剂,摇匀后,观察溶液的颜色。然后把溶液分装四支试管(A，B，C，D)中，在 B 试管中加入 4 滴 0.10mol/L HCl 溶液，C 试管中加入 4 滴 0.10mol/L NaOH 溶液，D 试管中加入 4 滴去离子水，以 A 管颜色作对照比较，观察溶液颜色的变化。然后再在 B 试管中加入过量的 0.10mol/L HCl 溶液，C 试管中加入过量的 0.10mol/L NaOH 溶液，注意观察溶液颜色的变化，得出结论并解释。

(2) 量取 2mL 0.10mol/L 氨水溶液和 2mL 0.10mol/L NH_4Cl 溶液配成 NH_3-NH_4^+ 缓冲溶液，玻璃棒搅拌均匀后，用精密 pH 试纸测定 pH(与计算值比较)。在配好的缓冲溶液中，加入 1 滴 0.10mol/L HCl 溶液，用精密 pH 试纸测定 pH，再滴加 2 滴 0.10mol/L NaOH，测定其 pH(与计算值比较)。

3. 盐类的水解

(1) 用 pH 试纸测定下列盐溶液的酸碱性(浓度为 0.1mol/L)，指出哪些盐类会发生水解反应，写出反应式。

Na_2CO_3、NaCl、NH_4Ac、NaAc、Na_2HPO_4、NaH_2PO_4

(2) 取绿豆大小的 $Bi(NO_3)_3$ 固体至小烧杯中，加入 2mL 蒸馏水溶解，有何现象？测定溶液的 pH。接着滴加 6.0mol/L HCl 溶液，至溶液澄清为止，最后加入蒸馏水，又有什么现象？用平衡移动原理解释这一系列现象。

4. 沉淀的生成和溶解

(1) 取一支小试管，加入 5 滴 0.10mol/L $Pb(NO_3)_2$ 溶液和 5 滴 0.10mol/L KI 溶液，振荡试管，有何现象？另取一个小烧杯，加入 10mL 蒸馏水，1 滴 0.10mol/L $Pb(NO_3)_2$ 溶液，搅拌均匀后，再加入 1 滴 0.10mol/L KI 溶液，搅拌均匀，观察现象。用溶度积规则解释。

(2) 在试管中依次加入 2mL 0.10mol/L $MgCl_2$ 溶液，1mL 2.0mol/L $NH_3 \cdot H_2O$ 溶液，振荡试管，观察现象。把溶液分成两份，在其中一份中逐滴加入 0.10mol/L NH_4Cl 溶液，振荡试管，观察现象有何不同，解释之。

(3) 在试管中加入 1mL 0.10mol/L $CaCl_2$ 溶液，5 滴 0.10mol/L $(NH_4)_2C_2O_4$ 溶液，摇匀，观察现象。接着加入 5 滴 6.0mol/L HCl 溶液，有何现象产生？

5. 沉淀的转化和分步沉淀

(1) 在离心试管中加入 5 滴 0.10mol/L NaCl 溶液和 5 滴 0.10mol/L $AgNO_3$ 溶液，有何现象？离心分离，弃去上清液，往沉淀中逐滴加入 1.0mol/L Na_2S 溶液，振荡试管，观察沉淀颜色的变化，解释之。(注：Ag_2S 为黑色)

(2) 在试管中依次加入 1mL 蒸馏水，2 滴 0.10mol/L NaCl 溶液和 2 滴 0.10mol/L K_2CrO_4 溶液，摇匀后，逐滴加入 0.10mol/L $AgNO_3$ 溶液，观察沉淀出现的顺序，并解释。(注：AgCl 为白色，Ag_2CrO_4 为砖红色)

【注意事项】

1. 不能用手直接拿取 pH 试纸，以防污染。
2. 离心操作时，必须谨记"等量对称"。

【思考题与讨论】

1. 同离子效应的定义是什么？本实验通过哪几个实验验证同离子效应？
2. 为什么 NaH_2PO_4 溶液呈微酸性，Na_2HPO_4 溶液呈微碱性？
3. 缓冲溶液为什么具有缓冲作用？
4. 如何判断沉淀的生成和溶解？

(姚秀琼)

实验四 氧化还原反应

【实验目的】

1. 理解氧化还原反应的实质，认识一些常用的氧化剂和还原剂。
2. 掌握电极电势与氧化还原反应的关系，应用标准电极电势比较氧化剂和还原剂的相对强弱。
3. 掌握浓度、介质酸度和温度等对氧化还原反应的影响。
4. 了解原电池的装置及电极电势的测定方法。

【实验原理】

参加反应的物质间有电子转移或偏移的化学反应称为氧化还原反应，反映出元素的氧化数发生变化。物质的氧化还原能力的大小，可以根据它们所组成电对的电极电势的大小来判断。电极电势越大，电对中氧化型物质的氧化能力越强，而相应的还原型物质的还原能力越弱。电极电势越小，电对中还原型物质的还原能力越强，而相应的氧化型物质的氧化能力越弱。

电极电势表，是各种物质在水溶液中进行氧化还原反应规律性的总结，一般来说，在电极电势表中上方的还原型物质是较强的还原剂，可使其下方的氧化型物质还原，表下方的氧化型物质是较强的氧化剂，可使其上方的还原型物质氧化。因此，根据电极电势的相对大小，可以判断氧化还原反应进行的方向。

溶液的浓度、酸度、温度等均是影响电极电势数值的因素。物质浓度对电极电势的影响可由电极反应的能斯特(Nernst)方程式表示(25℃)：

$$\varphi(Ox/Red) = \varphi^{\ominus}(Ox/Red) - \frac{0.0592}{n}\lg\frac{c^b(Red)}{c^a(Ox)}$$

当氧化型物质或还原型物质的浓度变化时，其电极电势的数值会发生改变，从而影响氧化剂和还原剂的相对强弱，特别是当有沉淀剂或配位剂存在时，溶液中某离子能够生成沉淀或配合物，使得该离子的浓度大大降低，进而使得电极电势的数值发生较大的改变，甚至可以改变氧化还原反应进行的方向。

对有 H^+ 或 OH^- 参与电极反应的电对，介质的pH也对电极电势产生影响，从而影响氧化还原反应的方向和产物。

基于氧化还原反应而产生电流的装置称为原电池。原电池由两个电极组成，其中正极得到电子，发生还原反应，负极给出电子，发生氧化反应。如由金属置换反应：$Zn + Cu^{2+} \rightleftharpoons Zn^{2+} + Cu$ 组成的 Cu-Zn 原电池，如图 2-4-1 所示。

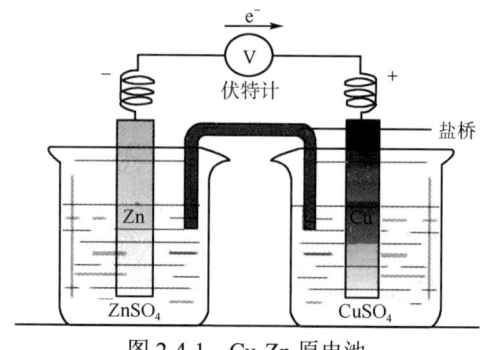

图 2-4-1 Cu-Zn 原电池

两电极发生的反应为

负极：(Zn 电极) $Zn(s) - 2e^- \longrightarrow Zn^{2+}(aq)$ 氧化反应

正极：(Cu 电极) $Cu^{2+}(aq) + 2e^- \longrightarrow Cu(s)$ 还原反应

原电池的电动势（E）为正、负两极的电极电势之差：$E = \varphi_{(+)} - \varphi_{(-)}$。用伏特计可粗略地测量原电池电动势 E 的数值。

【主要仪器和试剂、材料】

1 仪器：试管、烧杯、伏特计、水浴锅、导线、铜片电极和锌片电极、盐桥(充有琼胶和 KCl 饱和溶液的 U 形管)。

2. 试剂：(0.10 mol/L、0.50 mol/L)KI、(2.0 mol/L，3.0 mol/L，6.0 mol/L)H_2SO_4、3% H_2O_2、0.01 mol/L $KMnO_4$、0.10 mol/L $FeCl_3$、(0.10 mol/、1.0 mol/L)KBr、(浓，1.0 mol/L)HCl、 6.0 mol/L HAc、0.10 mol/L Na_2SO_3、6.0 mol/L NaOH、0.01 mol/L $Na_2C_2O_4$、0.20 mol/L $MnSO_4$、0.10 mol/L $AgNO_3$、1.0 mol/L $CuSO_4$、1.0mol/L $ZnSO_4$、1.0 mol/L NaCl、浓 $NH_3 \cdot H_2O$、$MnO_2(s)$、CCl_4、淀粉 KI 试纸、酚酞溶液。

3. 材料：砂纸。

【实验内容】

1. 氧化剂和还原剂

(1) 取一支试管，加 5 滴 0.10 mol/L KI 溶液，2 滴 2.0mol/L H_2SO_4 溶液，然后滴加 3% H_2O_2 溶液 2 滴，振荡试管并观察现象。指出该反应中 H_2O_2 作氧化剂还是还原剂。

(2) 取一支试管，加 2 滴 0.01 mol/L $KMnO_4$ 溶液，2 滴 2.0 mol/L H_2SO_4 溶液，然后滴加 3% H_2O_2 溶液 2 滴，振荡试管并观察现象。指出该反应中 H_2O_2 作氧化剂还是还原剂。

2. 氧化还原反应与电极电势的关系

(1) 往试管中加入 0.5mL 0.10mol/L 的 KI 溶液和 2 滴 0.10 mol/L FeCl$_3$ 溶液，再加入 10 滴 CCl$_4$，观察 CCl$_4$ 层颜色的变化，发生了什么反应？

(2) 用 0.10mol/L KBr 溶液代替 KI 溶液，进行上述实验，反应能否发生？

根据(1)、(2)的实验结果，定性地比较 $\varphi(Br_2/Br^-)$、$\varphi(I_2/I^-)$、$\varphi(Fe^{3+}/Fe^{2+})$ 的相对大小，并指出哪一种物质是最强氧化剂，哪一种物质是最强还原剂？

(3) 自拟实验，根据电极电势数值判断并验证 Fe^{2+} 能否与 3%的 H_2O_2 发生反应？

3. 浓度对氧化还原反应的影响

(1) 在两支试管中分别加入浓 HCl 和 1.0 mol/L HCl 1mL，然后再分别加入少量 MnO_2 固体，观察反应现象，用淀粉 KI 试纸检验所产生的气体，写出反应方程式。

(2) 在两支各盛有 1mL 蒸馏水的试管中，各加入 2 滴 2.0 mol/L H_2SO_4 溶液和 2 滴淀粉溶液，再在其中一支试管中加入 3 滴 0.10 mol/L 的 KI 溶液，另一支试管中加入 3 滴 0.50 mol/L 的 KI 溶液，然后分别在两支试管中加入 3% H_2O_2 溶液 5 滴，摇匀后静置，比较两支试管中出现蓝色的快慢。解释现象并写出反应式。

4. 溶液酸度对氧化还原反应的影响

(1) 往两支各盛有 0.5mL 1.0 mol/L 的 KBr 溶液的试管中，分别加 2 滴 6.0 mol/L HAc 溶液和 2 滴 6.0 mol/L H_2SO_4 溶液，然后各加入 2 滴 0.01 mol/L $KMnO_4$ 溶液，观察并比较紫红色褪去的快慢，写出反应方程式，并加以解释。

(2) 取 3 支试管，各加 10 滴 0.10 mol/L Na_2SO_3 溶液，再分别加 10 滴 2.0 mol/L H_2SO_4 溶液、蒸馏水和 6.0 mol/L NaOH 溶液，摇匀后，再在三支试管中各加 3 滴 0.01 mol/L $KMnO_4$ 溶液，观察现象并写出反应式。

5. 温度对氧化还原反应的影响　在两支试管中分别加入 2mL 0.01 mol/L $Na_2C_2O_4$ 溶液、0.5mL 3.0 mol/L H_2SO_4 溶液和 1 滴 0.01 mol/L $KMnO_4$ 溶液，摇匀，将其中一支试管放入 80℃的水浴中加热，另一支试管不加热，观察两试管中溶液退色的快慢。写出反应方程式，并加以解释。

6. 催化剂对氧化还原反应的影响　取 2 滴 0.20mol/L $MnSO_4$ 溶液和 1mL 3.0 mol/L H_2SO_4 溶液，然后加入一小匙过二硫酸铵固体，在试管内充分振荡溶解后，再取一支试管将溶液分成两份，往其中一份溶液中加 1～2 滴 0.10 mol/L $AgNO_3$ 溶液，将两支试管同时水浴加热后静置片刻，观察两支试管中溶液颜色的变化，并写出方程式。

7. 原电池的组装及电池的电动势

(1) 在两只 50mL 的烧杯中分别加入 30mL 1.0 mol/L $ZnSO_4$ 溶液和 30mL 1.0 mol/L $CuSO_4$ 溶液。在 $ZnSO_4$ 溶液中插入锌片，在 $CuSO_4$ 溶液中插入铜片，两烧杯以盐桥相连，组成一个原电池，再用导线将锌片和铜片分别与伏特计的负极和正极连接(图 2-4-1)，测量该原电池的电动势。

(2) 在上面原电池的装置中，取下盛 $CuSO_4$ 溶液的烧杯，在 $CuSO_4$ 溶液中加入浓 $NH_3·H_2O$，搅拌，至出现的浅蓝色沉淀全部溶解为深蓝色溶液，再连接成原电池，测量该电池的电动势，观察电动势有何变化？然后再在 $ZnSO_4$ 溶液中加入浓 $NH_3·H_2O$，搅拌，至出现的白色沉淀全部溶解为无色溶液，观察电池电动势又有何变化？解释现象。

8. 电解 用如图 2-4-1 的标准铜锌原电池做电源电解 NaCl 溶液。取一滤纸片放在表面皿上，以 1.0 mol/L NaCl 溶液润湿，再加入 1 滴酚酞溶液，将原电池两极的铜丝隔开一小段距离并都与滤纸接触(图 2-4-2)。几分钟后，观察滤纸上导线接触点附近颜色的变化。指出原电池的正负极及电解池的阴阳极，并分别写出原电池和电解池两极的反应。

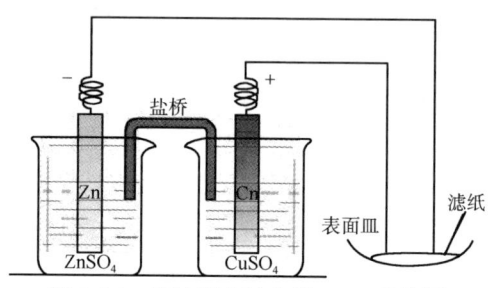

图 2-4-2 铜锌原电池电解 NaCl 的装置

【注意事项】

1. $KMnO_4$ 与 Na_2SO_3 在强碱性条件下反应时，Na_2SO_3 的用量不可过多。因过多的 Na_2SO_3 会与产物 MnO_4^{2-} 进一步发生氧化还原反应而生成 MnO_2。
2. 金属电极在使用前要用细砂纸擦去表面的氧化物。
3. 伏特计的指针偏向及数值。

【思考题与讨论】

1. 溶液的浓度、酸度和温度对电极电势及氧化还原反应有何影响？
2. 为什么稀盐酸不能与 MnO_2 反应而浓盐酸可以？
3. 哪种情况下用标准电极电势来判断反应的方向？哪种情况下用能斯特方程计算来判断？
4. 原电池的正极与电解池的阳极、原电池的负极与电解池的阴极，电极上的反应本质是否相同？

(曾琦华)

实验五 分光光度法测定碘化铅溶度积常数

【实验目的】

1. 了解使用分光光度计测定难溶盐溶度积常数的原理和方法。
2. 掌握 UV-1000 型紫外-可见光分光光度计的使用。

【实验原理】

碘化铅的溶度积表达式：$K_{sp} = [Pb^{2+}][I^-]^2$

$$Pb^{2+} + 2I^- \rightleftharpoons PbI_2(s)$$

初始浓度　　　c　　　a

反应浓度　　$\dfrac{a-b}{2}$　　$a-b$

平衡浓度　$c - \dfrac{a-b}{2}$　　b

其中 b 由分光光度计测得，$K_{sp} = (c - \dfrac{a-b}{2}) \cdot b^2$

由于 I^- 没有颜色，故用 $NaNO_2$ 将其氧化成 I_2，再用分光光度计测定其吸光度，从而推算出 I^- 的浓度。

其反应原理为

$$2NO_2^- + 2I^- + 4H^+ \Longrightarrow I_2 + 2NO + 2H_2O$$

【主要仪器和试剂、材料】

1. 仪器：UV-1000 型紫外-可见光分光光度计、电子天平、电炉、容量瓶、比色皿、烧杯、试管、吸量管、漏斗、洗耳球、药匙。

2. 试剂：6.0 mol/L HCl、1.5×10^{-2} mol/L $Pb(NO_3)_2$、KI(分析纯，固体)、$NaNO_2$(分析纯，固体)。

3. 材料：致密定性滤纸、镜头纸、橡皮塞。

【实验内容】

1. 溶液的配制

(1) KI 溶液的配制：准确称取 0.573 g 和 0.056 g KI(分析纯)，分别用 100 mL 容量瓶配制成浓度为 3.5×10^{-2} mol/L 和 3.5×10^{-3} mol/L 的水溶液。

(2) $NaNO_2$ 溶液的配制：准确称取 0.143 g 和 0.073 g $NaNO_2$(分析纯)，分别用 100 mL 容量瓶配制成浓度为 2.0×10^{-2} mol/L 和 1.0×10^{-3} mol/L 的水溶液。

2. I^- 浓度标准曲线的绘制　在 5 支洁净、干燥的小试管中分别加入 1.00 mL、1.50 mL、2.00 mL、2.50 mL、3.00 mL KI 溶液(浓度为 3.5×10^{-3} mol/L)，再分别加入 2.00 mL $NaNO_2$ 溶液(浓度为 2.0×10^{-2} mol/L)、3.00 mL 去离子水及 1 滴 HCl(浓度为 6.0 mol/L)。摇匀后，分别倒入比色皿。以水作参比溶液，在 520 nm 波长下测定各浓度下溶液的吸光度。如表 2-5-1 所示，以其吸光度数据为纵坐标，相应 I^- 浓度为横坐标，根据数据绘制出 I^- 浓度的标准曲线图。

表 2-5-1 I^-的标准曲线的绘制数据　(T= 298 K)

所加溶液	单位	I	II	III	IV	V
KI(3.5×10^{-3} mol/L)	mL	1.00	1.50	2.00	2.50	3.00
NaNO$_2$(2.0×10^{-2} mol/L)	mL	2.00	2.00	2.00	2.00	2.00
去离子水	mL	3.00	3.00	3.00	3.00	3.00
HCl(6.0mol/L)	滴	1	1	1	1	1
溶液中 I^- 浓度	mol/L					
吸光度	—					

3. PbI$_2$ 饱和溶液的制备

(1) 另取 5 支洁净、干燥的大试管，用吸量管分别加入 5.00 mL Pb(NO$_3$)$_2$ 溶液(1.5×10^{-2} mol/L)，KI 溶液(浓度均为 3.5×10^{-2} mol/L)2.00 mL、3.00 mL、4.00 mL、4.50 mL、5.00 mL，再加入去离子水，使每个试管中溶液的总体积为 10.00 mL。

(2) 用橡皮塞塞紧试管，充分摇荡试管，大约震摇20 min 后，将试管静置3～5 min。

(3) 在装有干燥滤纸的干燥漏斗上，将制得的含有 PbI$_2$ 固体的饱和溶液过滤，同时用干燥的试管接取滤液。弃去沉淀，保留滤液。

(4) 在 5 支干燥小试管中用吸量管分别注入 1 号、2 号、3 号、4 号、5 号饱和溶液 2 mL，再分别注入 4 mL NaNO$_2$ 溶液(1.0×10^{-2} mol/L)及 HCl 溶液(6.0 mol/L)1 滴，摇匀后，分别倒入 1 cm 比色皿中，以水做参比，在 520 nm 波长下测定各溶液的吸光度。所得数据填入表 2-5-2，并进行计算。

【数据记录与结果处理】

1. 根据表 2-5-1 数据，绘制 I^-标准曲线的数据。
2. 测定 PbI$_2$溶度积的实验数据，并计算结果。

表 2-5-2 测定溶度积的实验数据和计算结果

项目	试管编号				
	I	II	III	IV	V
Pb(NO$_3$)$_2$ (1.5×10^{-2} mol/L)/ mL					
KI (3.5×10^{-2} mol/L)/ mL					
H$_2$O / mL					
溶液的总体积 / mL					
I^-的初始浓度 a /(mol/L)					
稀释后溶液的吸光度 A					
由标准曲线查得稀释 I^-浓度 b /(mol/L)					
Pb^{2+} 的初始浓度 c /(mol/L)					
Pb^{2+} 的初平衡浓度$[c-(a-b)/2]$ /(mol/L)					
$K_{sp} = [c-(a-b)/2] \cdot b^2$					
K_{sp} 的平均值					

【注意事项】

1. 由于碘化铅的溶度积受温度的影响较大，实验中应注意控制实验温度，以免造成误差。配制 PbI_2 饱和溶液时，一定要充分振荡，使沉淀完全，否则会使测得的溶度积比真实值偏大。

2. 在加入 $NaNO_2$ 将 I^-氧化为 I_2 时，应迅速将混合溶液摇匀，并转入到比色皿中，以免时间过长影响实验数据的准确性。氧化后得到的 I_2 浓度应小于室温下 I_2 的溶解度，否则所测浓度将小于实际浓度。

【思考题与讨论】

1. 为什么一定要用干燥的小试管配置比色溶液？如果在绘制标准曲线时用了湿的小试管，对所绘制的标准曲线会有什么影响？

2. 如果在配制Ⅰ，Ⅱ，Ⅲ，Ⅳ，Ⅴ号样时用了湿的小试管，对计算结果有何影响？通过实验计算所得溶度积相对于理论值会如何变化？

(何　娟)

实验六　银氨配离子配位数及稳定常数的测定

【实验目的】

1. 掌握测定银氨配离子的配位数和稳定常数的基本原理。
2. 熟悉应用配位平衡和沉淀溶解平衡等知识测定配合物配位数和稳定常数的方法。
3. 进一步练习滴定管的操作。
4. 学习用作图法处理实验数据。

【实验原理】

在 $AgNO_3$ 溶液中加入过量氨水，即生成稳定的银氨配离子$[Ag(NH_3)_n]^+$。再往溶液中加入 KBr 溶液，直到刚刚出现 AgBr 沉淀(浑浊)为止，此时混合溶液中同时存在着$[Ag(NH_3)_n]^+$的配位平衡和 AgBr 的沉淀溶解平衡：

$$Ag^+ + nNH_3 \rightleftharpoons [Ag(NH_3)_n]^+$$

$$K_s = \frac{[Ag(NH_3)_n^+]}{[Ag^+][NH_3]^n}$$

$$AgBr(s) \rightleftharpoons Ag^+ + Br^-$$

$$K_{sp} = [Ag^+][Br^-]$$

将银氨配离子的稳定常数 K_s 和 AgBr 沉淀的溶度积常数 K_{sp} 相乘得到一个新的常数 K：

$$K_s \cdot K_{sp} = \frac{[Ag(NH_3)_n^+][Br^-]}{[NH_3]^n} = K$$

移项得到下式：

$$[Br^-] = \frac{K \cdot [NH_3]^n}{[Ag(NH_3)_n^+]}$$

上式中的各平衡浓度$[Br^-]$、$[NH_3]$、$[Ag(NH_3)_n^+]$又可分别表示为

$$[Br^-] = [Br^-]_0 \cdot \frac{V_{Br^-}}{V_t}$$

$$[NH_3] = [NH_3]_0 \times \frac{V_{NH_3}}{V_t}$$

$$[Ag(NH_3)_n^+] = [Ag^+]_0 \times \frac{V_{Ag^+}}{V_t}$$

式中，V_t为混合溶液的总体积；V_{Br^-}、V_{NH_3}、V_{Ag^+}分别为加入的KBr、氨水、AgNO$_3$溶液的体积；$[Br^-]_0$、$[NH_3]_0$、$[Ag^+]_0$分别为加入的KBr、氨水、AgNO$_3$溶液的初始浓度。

$$[Br^-] = \frac{K \cdot V_{NH_3}^n \cdot (\frac{[NH_3]_0}{V_t})^n}{(\frac{[Ag^+]_0}{V_t}) \cdot V_{Ag^+}} = [Br^-]_0 \times \frac{V_{Br^-}}{V_t}$$

$$V_{Br^-} = \frac{K \cdot V_{NH_3}^n \cdot (\frac{[NH_3]_0}{V_t})^n}{(\frac{[Ag^+]_0 \cdot V_{Ag^+}}{V_t}) \cdot \frac{[Br^-]_0}{V_t}}$$

设 $$K' = \frac{K \cdot (\frac{[NH_3]_0}{V_t})^n}{(\frac{[Ag^+]_0 \cdot V_{Ag^+}}{V_t}) \cdot \frac{[Br^-]_0}{V_t}}$$

则

$$V_{Br^-} = K' \cdot V_{NH_3}^n$$

将等式两边取对数得

$$\lg V_{Br^-} = \lg K' + n \lg V_{NH_3}$$

以$\lg V_{Br^-}$为纵坐标，$\lg V_{NH_3}$为横坐标作图得一条直线，通过直线斜率获得配位数 n（取最接近的整数）；而直线的截距为$\lg K'$，通过下式计算即可获得其稳定

常数 K_s：

$$K_s = \frac{(\frac{[Ag^+]_0 \cdot V_{Ag^+}}{V_t}) \cdot \frac{[Br^-]_0}{V_t} \cdot K'}{K_{sp} \cdot (\frac{[NH_3]_0}{V_t})^n}$$

【主要仪器和试剂、材料】

1. 仪器：电磁搅拌器、酸式滴定管(棕色)、碱式滴定管、250 mL 锥形瓶、移液管、洗瓶、烧杯、洗耳球。

2. 试剂：0.008 mol/L KBr、0.01 mol/L $AgNO_3$、2.00 mol/L 氨水。

【实验内容】

1. 用移液管准确移取 20.00 mL 0.010 mol/L $AgNO_3$ 溶液到 250 mL 锥形瓶中，再分别用碱式滴定管加入 40.00 mL 2.00 mol/L 氨水和 40 mL 蒸馏水，混合均匀。在不断搅拌下，从酸式滴定管中逐滴加入 0.010 mol/L KBr 溶液，直到刚产生的 AgBr 浑浊不再消失为止。记下所用的 KBr 溶液的体积 V_{Br^-}，并计算出溶液的总体积 V_t。

2. 再用 35.00 mL、30.00 mL、25.00 mL、20.00 mL、15.00 mL 和 10.00 mL 2.00 mol/L 氨水溶液重复上述操作。

在进行重复操作时，当接近终点时应加入适量蒸馏水，使总体积与第一次实验相同，记下滴定终点时所用去的 KBr 溶液的体积 V_{Br^-}。

【数据记录与结果处理】

见表 2-6-1。

表 2-6-1 银氨配离子配位数及稳定常数的测定的数据及结果处理

	编号	1	2	3	4	5	6	7
	Ag^+	20.00	20.00	20.00	20.00	20.00	20.00	20.00
	NH_3	40.00	35.00	30.00	25.00	20.00	15.00	10.00
体积	H_2O	40.0	45.0	50.0	55.0	60.0	65.0	70.0
V/mL	Br^-							
	补充的 H_2O							
	V_t							
$\lg V_{Br^-}$								
$\lg V_{NH_3}$								
n								
$\lg K'$								
K'								
K_{sp}								

续表

编号	1	2	3	4	5	6	7
$\dfrac{[Ag^+]_0 \cdot V_{Ag^+}}{V_t}$							
$\dfrac{[Br^-]_0}{V_t}$							
$\dfrac{[NH_3]_0}{V_t}$							
K_s							

【注意事项】

1. 实验中 AgBr 沉淀(浑浊)刚刚出现即停止加入 KBr 溶液，记录消耗的 KBr 体积。

2. 实验中试剂按要求加入，要确保氨水过量从而形成稳定的银氨配离子。

3. 每一次实验接近终点时需补充蒸馏水，确保总体积一致。

4. 实验中的 KBr 溶液不能更换为 KCl 或 KI 溶液。

5. 最好采用线性回归法作图，如果手工绘图时需取好横纵坐标，点应清晰，直线应光滑，获得的斜率取最接近的整数。

【思考题与讨论】

1. 在其他实验条件完全相同的情况下，能否用相同浓度的 KCl 或 KI 溶液进行本实验？为什么？

2. 本实验中滴加溶液的操作与酸碱滴定有何不同？

3. 在计算$[Br^-]$、$[NH_3]$、$[Ag(NH_3)_n]^+$各物种的平衡浓度过程中，为何不考虑$[Ag(NH_3)_n]^+$解离的Ag^+和生成配离子消耗掉的NH_3及生成 AgBr 沉淀时消耗掉的Ag^+和Br^-等浓度？

(陈志琼)

实验七　乙酸解离度和解离常数的测定

【实验目的】

1. 掌握乙酸解离度和解离常数的测定方法。
2. 熟悉 pH 的使用方法。

【实验原理】

乙酸是一元弱酸，在水溶液中存在下列解离平衡：

$$HAc \rightleftharpoons H^+ + Ac^-$$

若 c 为 HAc 的起始浓度，$[H^+]$、$[Ac^-]$、[HAc]分别为平衡浓度，则乙酸的解离常数计算公式为

$$K_a = \frac{[H^+][Ac^-]}{[HAc]} = \frac{[H^+]^2}{c-[H^+]}$$

当 $c·K_a \geq 20 K_w$ 时，可忽略溶液中 H_2O 的质子自递平衡；当 $c/K_a \geq 500$ 时，则 $c - [H^+] \approx c$，上式可以简化为

$$[H^+] = \sqrt{K_a c}$$

一定温度下，弱电解质达到解离平衡时，已解离的电解质分子数占原有电解质分子总数的百分数称为解离度。解离度与解离常数的关系为

$$\alpha = \sqrt{\frac{K_a}{c}}$$

用酸度计测得乙酸溶液的 pH，从而得知$[H^+]$，根据上述公式求得乙酸的解离常数 K_a 和解离度 α。

【主要仪器和试剂、材料】

1. 仪器：雷磁 PHS-3C 型 pH 计、碱式滴定管、锥形瓶、移液管(10mL)、吸量管(20mL)、容量瓶(50mL)、量筒、烧杯、试剂瓶。

2. 试剂：36% HAc 溶液、NaOH 标准溶液、标准缓冲溶液(pH = 6.86，4.00)、酚酞指示剂。

【实验内容】

1. 配置 250mL 浓度为 0.10mol/L 的乙酸溶液　用量筒量取 4mL 36%(约 6.2mol/L)的乙酸溶液置于烧杯中，加入 250mL 蒸馏水稀释，混匀即得 250mL 浓度约为 0.10mol/L 的乙酸溶液，将其储存于试剂瓶中备用。

2. 乙酸溶液的标定　用移液管准确移取 20.00mL 乙酸溶液(V_1)于锥形瓶中，加入 1 滴酚酞指示剂，用 NaOH 标准溶液(c_2)滴定，边滴边摇，待溶液呈浅红色，且半分钟内不褪色即为终点。由滴定管读出所消耗的 NaOH 溶液的体积 V_2，根据公式 $c_1V_1 = c_2V_2$ 计算出乙酸溶液的浓度 c_1。平行三次，计算出乙酸溶液浓度的平均值。

滴定序号		1	2	3
c_{NaOH}/(mol/L)				
V_{HAc}/mL		20.00	20.00	20.00
V_{NaOH}/mL				
c_{HAc}/(mol·L)	测定值			
	平均值			

3. pH 的测定　分别用移液管或吸量管准确量取 2.50mL、5.00mL、10.00mL、

25.00mL 上述乙酸溶液于四个 50mL 的容量瓶中,用蒸馏水定容,得到一系列不同浓度的乙酸溶液。将这四个溶液及 0.10mol/L 原溶液按浓度由低到高的顺序,用 pH 计分别测定它们的 pH,记录数据和室温。

4. 由测得的乙酸溶液 pH 计算乙酸的解离度 α、解离平衡常数 K_a。

编号	V_{HAc}/ mL	c_{HAc} /(mol/L)	pH	$[H^+]$ /(mol/L)	α	K_a
1	2.50					
2	5.00					
3	10.00					
4	25.00					
5	50.00					

【注意事项】

1. 测定不同浓度 HAc 溶液的 pH 时,要按溶液从稀到浓的次序进行,而且每次换测量液时都必须清洗电极并吸干,保证待测液浓度不变,减小误差。

2. 甘汞电极使用时应拔去电极保护套和橡皮塞,内部无气泡,并有少量结晶,以保证 KCl 溶液是饱和的,用前将溶液加满,用后将橡皮塞和电极保护套套好。

【思考题与讨论】

1. 若改变所测 HAc 溶液的浓度或温度,对解离度和解离常数是否有影响?

2. 若所用 HAc 溶液的浓度极稀,是否还能用近似公式 $K_a=[H^+]^2/c$ 来计算 K_a,为什么?

附:雷磁 PHS-3C 型 pH 计的结构和使用方法

一、外 部 结 构

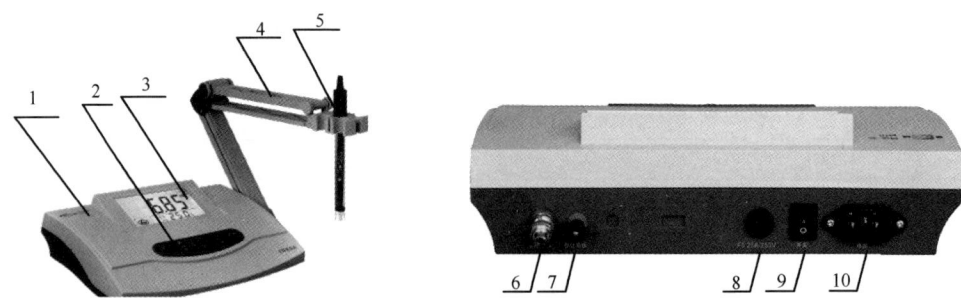

图 2-7-1　雷磁 PHS-3C 型 pH 计

1. 机箱;2. 键盘;3. 显示屏;4. 多功能电极架;5. 复合电极;6. 测量电极插座;7. 参比电极接口;8. 保险丝;9. 电源开头;10. 电源插座

二、操 作 步 骤

(一)开机

1. 将多功能电极架插入多功能电极架插座中,将 pH 复合电极安装在电极架上。
2. 将 pH 复合电极下端的电极保护套拔下,并且拉下电极上端的橡皮塞使其露出上端小孔,用蒸馏水清洗电极。
3. 在测量电极插座处拔掉 Q9 短路插头,插入复合电极。
4. 打开电源开关,按"pH/mV"按钮,使仪器进入 pH 测量状态。
5. 按"温度"按钮,调节显示值为溶液温度值,然后按"确认"键,仪器确定溶液温度后回到 pH 测量状态。

(二)标定

仪器使用前首先要标定。一般情况下仪器在连续使用时,每天要标定一次。

本仪器具有自动识别标准缓冲溶液的能力,可以识别 4.00pH、6.86pH、9.18pH 三种标准缓冲溶液,因此对于标准缓冲溶液 4.00pH、6.86pH、9.18pH,按"定位"键或者"斜率"键后不必再调节数据,直接按"确定"键即可完成标定。

用"定位"进行一点标定,用"斜率"进行二点标定。

如果用其他非常规标准缓冲溶液标定,则在标定状态下调节显示的 pH 数据至该温度下标准溶液的 pH,然后按"确定"键即可。

1. 一点标定 一点标定即一点定位法,使用一种标准缓冲溶液定位 E_0,斜率设为默认的 100.0%,这种方法比较简单,用于要求不太精确的情况下的测量。

(1) 在仪器的测量状态下,把用蒸馏水清洗过的电极插入某种标准缓冲溶液中(如 6.86pH 的标准缓冲溶液中),稍后待读数稳定,按"定位"键,仪器显示"Std YES"字样,按"确定"键,仪器自动进入一点标定状态,否则按任意键退出标定,仪器返回测量状态。

进入标定状态后,仪器会自动识别当前标液并显示当前温度下的标准 pH,按"确定"键,仪器存储当前的标定结果,并显示斜率和 E_0 值,返回测量状态。

(2)如果使用其他非常规标准缓冲溶液,如 6.80pH,按"定位"键,仪器显示"Std YES"字样,然后按"定位△"或"定位▽"键调节显示值,使 pH 显示值为该温度下标准溶液的 pH,如 6.80pH,然后按"确定"键,完成标定。

2. 二点标定 通常情况下使用二点标定法标定电极斜率。

(1) 准备两种标准缓冲溶液,如 6.86pH、4.00pH 等。

(2) 按照前面的叙述进行一点标定:即在仪器的测量状态下,把用蒸馏水清洗过的电极插入标准缓冲溶液 1 中(如 pH=6.86 的标准缓冲溶液中),待读数稳定,按"定位"键,再按"确定"键进入一点标定状态。仪器识别当前标液并显示当前温度下的标准 pH(如 6.86),然后按"确定"键完成标定,仪器返回测量状态。

(3) 同理,再次清洗电极并插入标准缓冲溶液 2 中(如 pH = 4.00 的标准缓冲溶液中)，待读数稳定后，按"斜率"键，再确认，仪器自动识别当前标液并显示当前温度下的标准 pH(如 9.18)，然后按"确定"键完成标定。仪器存储当前的标定结果，并显示斜率和 E_0 值，然后返回测量状态。

(三)测量 pH

经标定过的仪器，即可用来测量被测溶液，被测溶液与标定溶液温度不同将引起测量步骤也有所不同。具体操作步骤如下。

1. 被测溶液与定位溶液温度相同的情况

(1) 用蒸馏水清洗电极头部，再用被测溶液清洗一次。

(2) 把电极浸入被测溶液中，用玻璃棒搅拌溶液，使溶液均匀，在显示屏上读出溶液的 pH。

2. 被测溶液和定位溶液温度不同的情况

(1) 用蒸馏水清洗电极头部，再用被测溶液清洗一次。

(2) 用温度计测出被测溶液的温度值。

(3) 按"温度"键，使仪器显示值为被测溶液温度值，然后按"确认"键。

(4) 把电极插入被测溶液内，用玻璃棒搅拌溶液，使溶液均匀后读出该溶液的 pH。

(四)关机

使用完毕后按仪器的"开/关"键关闭仪器。测试完样品后，所用电极应浸放在蒸馏水中。如果仪器长期不用，请注意：

1. 断开电源！

2. 短路插头要接上，以免仪器输入开路而损坏仪器。

3. 建议将电极存放在参比填充液中。长期不使用时，将电极放回盒体内室温保存。

(杨小丽)

实验八 配位化合物的制备和性质

【实验目的】

1. 了解配合物的制备和组成。

2. 了解配离子与简单离子的区别。

3. 比较配离子的相对稳定性，了解配位平衡与沉淀溶解平衡、酸碱平衡和氧化还原平衡的关系。

4. 了解螯合物的形成。

【实验原理】

1. 配合物一般可以分为内界和外界两个部分。配合物的内界部分，为配合物的特征化学结构的部分，由中心原子或离子(统称中心原子)和围绕它的称为配位体(简称配体)的分子或离子组成，若带有电荷就称为配离子。大多数易溶配合物在溶液中解离为配离子和外界离子，如$[Cu(NH_3)_4]^{2+}$和SO_4^{2-}。配离子则是部分解离，存在配位解离平衡。如$[Cu(NH_3)_4]^{2+}$在水中存在下面平衡：

$$Cu^{2+} + 4NH_3 \rightleftharpoons [Cu(NH_3)_4]^{2+}$$

$$K_s = \frac{[Cu^{2+}][NH_3]^4}{[Cu(NH_3)_4^{2+}]}$$

式中，K_s为$[Cu(NH_3)_4]^{2+}$配离子的稳定常数。不同配离子具有不同的稳定常数，对于配体数相同的配离子，稳定常数越大，配离子稳定性越强。

改变上述平衡的条件时，如改变相关离子浓度，改变溶液的酸度，加入沉淀剂或其他配位剂，或氧化剂、还原剂都将会改变该配位平衡。

银离子配合物	$[Ag[(NH_3)_2]^+$	$[Ag(S_2O_3)_2]^{3-}$	$[Ag(CN)_2]^-$
K_s	1.5×10^7	2.4×10^{13}	1.3×10^{21}
卤化银	AgCl	AgBr	AgI
K_{sp}	1.8×10^{-10}	5.3×10^{-13}	8.5×10^{-17}

2. 简单金属离子在形成配离子后，其颜色、溶解度、酸碱性及氧化还原能力都会发生变化。

例如，Fe^{3+}与SCN^-形成血红色配离子$[Fe(NCS)_n]^{3-n}$(n=1~6)

$$Fe^{3+} + SCN^- \longrightarrow [Fe(NCS)_n]^{3-n}$$

原来浓度的Fe^{3+}能氧化I^-，但加入配位剂F^-后形成$[FeF_6]^{3-}$配离子，由于Fe^{3+}浓度减小，Fe^{3+}氧化能力降低，就不再能氧化I^-。

Cu单质原本不能与HCl反应置换出H_2，但在加入硫脲的情况下，则可以反应：

$$2Cu + 2HCl + 8CS(NH_2)_2 \xrightarrow{\Delta} 2\{Cu[CS(NH_2)_2]_4\}Cl + H_2\uparrow$$

螯合物是由中心原子与多齿配体形成的配合物，形成包含中心原子的环状结构。许多易溶金属离子形成螯合物后具有特征的颜色，且难溶于水。

例如，Ni^{2+}与丁二肟在弱碱性条件下可生成鲜红色难溶于水的螯合物：

$$Ni^{2+} + \begin{array}{c} H_3C-C=NOH \\ | \\ H_3C-C=NOH \end{array} \longrightarrow \text{(螯合物结构)} + 2N^+$$

可以利用该反应检验Ni^{2+}。

【主要仪器和试剂、材料】

1. 仪器：烧杯(50mL)，玻璃棒，试管，布氏漏斗，酒精灯。

2. 试剂：$CuSO_4·5H_2O$，NaF，硫脲$[CS(NH_2)_2]$，铜片、(1.0mol/L，6.0mol/L)HCl、(2.0mol/L，6.0mol/L)$NH_3·H_2O$、(0.1.0mol/L，2.0mol/L)$NaOH$、0.10mol/L Na_2S、$BaCl_2$、(0.1mol/L，1.0mol/L) $KSCN$、0.10mol/L $NaCl$、0.10mol/L KBr、0.10mol/L EDTA、0.50mol/L $Na_2S_2O_3$、0.50mol/L KCN、0.10mol/L $AgNO_3$、0.10mol/L KI、0.1mol/L $FeCl_3$、0.1mol/L $CuSO_4$、0.1mol/L $NiSO_4$、0.1mol/L $K_3[Fe(CN)_6]$、0.1mol/L $NH_3·Fe(SO_4)_2$、95% C_2H_5OH、CCl_4、丁二酮肟。

【实验内容】

1. 配合物的生成和组成

(1) 配合物的生成：在烧杯中加入 0.5g $CuSO_4·5H_2O$(s)，加 10mL 去离子水搅拌溶解，再逐滴加入 6.0mol/L 氨水溶液，观察现象，继续滴加氨水至沉淀溶解而形成深蓝色溶液，然后加入 5mL 95%乙醇，振荡试管，有何现象？静置 2 分钟，减压过滤，分出晶体。在滤纸上逐滴加入 2.0 mol/L $NH_3·H_2O$ 溶液 6mL 使晶体溶解，在漏斗下端放一支试管承接此溶液，保留备用。观察溶液变化现象，写出相应离子方程式，并解释之。

(2) 配合物的组成：将上述配合物溶液分成 3 份，至 3 个试管中。取其中 1 份再等分到两个试管中，在一支试管中滴入 2 滴 0.10mol/L $BaCl_2$ 溶液，另一支试管滴入 2 滴 0.10mol/L $NaOH$ 溶液，观察现象，写出反应方程式。余下两份在实验 4、6 中使用。

另取两支试管，各加入 5 滴 0.10mol/L $CuSO_4$ 溶液，然后分别向试管中滴入 2 滴 0.10mol/L $BaCl_2$ 溶液和 2 滴 0.10mol/L $NaOH$ 溶液，观察现象，写出离子方程式。

比较两实验结果，分析该配合物的内界和外界组成，写出相应离子方程式。

2. 配合物与简单化合物、复盐的区别

(1) 在一支试管中加入 10 滴 0.10mol/L $FeCl_3$ 溶液,再滴加 2 滴 1.0mol/L $KSCN$ 溶液，观察溶液呈何颜色。

(2) 用 0.10mol/L $K_3[Fe(CN)_6]$溶液代替 $FeCl_3$ 溶液，同样滴加 2 滴 1.0mol/L $KSCN$ 溶液，观察现象是否相同。

(3) 用 0.10mol/L $NH_3·Fe(SO_4)_2$ 溶液代替 $FeCl_3$ 溶液，同样滴加 2 滴 1.0mol/L $KSCN$ 溶液，观察现象，并比较及解释。

3. 配位平衡与沉淀平衡，配离子与难溶电解质之间的转化　在一支试管中加入 2 滴 0.10mol/L $AgNO_3$ 溶液，按下列步骤进行实验：

(1) 加入 2 滴 0.10mol/L $NaCl$ 溶液，观察沉淀生成。

(2) 逐滴加入 6.0mol/L 氨水至沉淀恰好溶解。

(3) 逐滴加入 0.10mol/L KBr 溶液至刚有沉淀生成。

(4) 逐滴加入 0.50mol/L $Na_2S_2O_3$ 溶液，边滴边振摇至沉淀恰好溶解。

(5) 逐滴加入 0.10mol/L KI 溶液至沉淀刚生成。

(6) 逐滴加入 0.50mol/L KCN 溶液，至沉淀恰好溶解。

(7) 逐滴加入 0.10mol/L Na_2S 溶液至沉淀刚生成。

写出每一步有关的反应方程式，比较几种沉淀的溶度积大小和几种配离子稳定常数大小，讨论配位平衡与沉淀平衡的关系。

4. 配位平衡与酸碱平衡

(1) 取实验 1 中制备的$[Cu(NH_3)_4]SO_4$溶液 1 份，分到两个试管中，往其中一支试管内逐滴加入 1.0mol/L HCl 溶液，另一支滴加 2mol/L NaOH 溶液，观察现象，说明配离子$[Cu(NH_3)_4]^{2+}$在酸性和碱性溶液中的稳定性差异，写出有关的反应方程式。

(2) 在一支试管中，先加入 10 滴 0.10mol/L $FeCl_3$ 溶液，再加入少量 NaF 固体至溶液颜色呈无色，将此溶液分成两份，分别逐滴加入 1.0mol/L HCl 和 2.0mol/L NaOH 溶液，观察现象，说明配离子$[FeF_6]^{3-}$在酸性和碱性溶液中的稳定性差异，写出有关的反应方程式。

5. 配位平衡与氧化还原平衡

(1) 取两支试管各加 5 滴 0.10mol/L $FeCl_3$ 溶液及 10 滴 CCl_4，往其中一支试管中加入少量 NaF 固体至溶液变为无色。摇匀后在两支试管中分别再滴入 5 滴 0.10mol/L KI 溶液，振荡后比较两试管中 CCl_4 层颜色，观察现象并解释，写出反应方程式。

(2) 取两支试管各加 6.0mol/L HCl 溶液 1mL，往其中一支试管中加入少量硫脲$[CS(NH_2)_2]$。然后再分别向两支试管中加入一小片铜片，加热，观察现象并解释，写出反应方程式。

6. 螯合物的生成

(1) 在试管中加入 2 滴 0.10mol/L $NiSO_4$ 溶液及一滴 2.0mol/L $NH_3·H_2O$ 和 2 滴丁二酮肟溶液，观察现象，此反应可作为 Ni^{2+} 离子的鉴定反应。

(2) 取实验 1 中制备的$[Cu(NH_3)_4]SO_4$ 溶液，并分到两个试管中，往其中一支试管内滴加 0.1mol/L EDTA 溶液，与未滴加 EDTA 的$[Cu(NH_3)_4]^{2+}$溶液比较，观察现象并解释，写出反应方程式。

【注意事项】

1. NaF 固体试剂使用量一定要少，逐渐加入。
2. 加热试管中的液体，试管口不要对人，沸腾后试管离开热源，观察现象。

【思考题与讨论】

1. 比较实验现象，说明配离子与简单离子的区别。
2. 总结实验中所观察到的现象，说明有哪些因素会影响配位平衡。

(曾宪栋)

第三章 重要元素及其化合物的性质

实验九 碱金属、碱土金属

【实验目的】

1. 实验金属钠的强还原性。
2. 掌握钠、钾、镁、钙、钡的鉴定方法。
3. 比较镁、钙、钡的氢氧化物、硫酸盐、铬酸盐、草酸盐、碳酸盐的溶解性。
4. 了解对阳离子未知液的分析方法。

【实验原理】

1. 碱金属是周期系第Ⅰ主族元素、原子最外层的电子构型为 ns^1，它们容易失去这一个电子而表现强还原性。

2. 碱金属的盐类一般都易溶于水，只有少数几种盐难溶，如钴亚硝酸钾(二钾)，乙酸铀酰锌钠等。利用它们的难溶性来检验钠、钾离子。

3. 碱土金属的硝酸盐、氯化物都易溶于水，碳酸盐、硫酸盐、磷酸盐等难溶。可利用难溶盐的生成，如磷酸铵镁、草酸钙、硫酸钡、铬酸钡沉淀以检验镁离子、钙离子和钡离子。

4. 碱金属、碱土金属及其挥发性化合物在无色火焰中灼烧时，原子中外层电子接收能量被激发到较高能级上，但不稳定，当这些电子跃回到低能级时，便将多余的能量以光子的形式放出，产生特征的焰色。

【主要仪器和试剂、材料】

1. 仪器：试管，坩埚，镊子，pH 试纸，奈氏试纸，表面皿，点滴板。
2. 试剂：金属钠，2.0mol/L HCl、浓 HCl、2.0mol/L HAc、2.0mol/L HNO_3、3.0mol/L H_2SO_4、2.0mol/L NaOH、2.0mol/L 氨水、0.50mol/L NaCl、$CaSO_4$ 饱和溶液、0.50mol/L Na_2SO_4、0.50mol/L KCl、0.50mol/L Na_2CO_3、0.01mol/L $KMnO_4$、0.5mol/L $CaCl_2$、0.50mol/L K_2CrO_4、10% NH_4Cl、0.50mol/L $BaCl_2$、0.50mol/L Na_2HPO_4、3% $(NH_4)_2C_2O_4$、0.50mol/L $SrCl_2$、0.50mol/L $(NH_4)_2HPO_4$、20% $Na_3[Co(NO_2)_6]$、$NH_3·H_2O-NH_4Cl-(NH_4)_2CO_3$ 混合溶液、0.1%$Na[B(C_6H_5)_4]$、乙酸铀酰锌溶液。

【实验内容】

1. 碱金属
(1) 金属钠的性质及其与氧的作用

1) 用镊子取一小块金属钠,迅速用滤纸吸干其表面的煤油,用刀削去外层,使其露出新鲜面,立即放入坩埚中加热;当开始燃烧时,停止加热,观察反应情况和产物的颜色、状态。

2) 将反应产物转入干试管中,加少许水,即发生反应(反应放热,必须将试管放在冷水中)。

3) 检验管口是否有氧气放出(怎样试验?)。

4) 检验水溶液是否呈碱性(用 pH 试纸检验)。

5) 检验水溶液是否有 H_2O_2 生成(将溶液用 1mol/L H_2SO_4 酸化,加 1 滴 0.01mol/L $KMnO_4$,观察紫色是否褪去)。写出氧化产物与水作用的反应式。

(2)钠盐、钾盐的鉴定

1) 生成乙酸铀酰锌钠鉴定 Na^+:于一小试管中,加 1 滴 Na^+试液(0.5mol/L NaCl 溶液),加 2 滴 2mol/L HAc 和约 10 滴乙酸铀酰锌试液,用玻璃棒摩擦试管内壁,即有黄绿色乙酸铀酰锌钠沉淀生成。写出离子反应式。

2) 生成钴亚硝酸钾鉴定 K^+:于一小试管中,加 2 滴 K^+试液(0.5mol/L KCl 溶液),再加 3~4 滴钴亚硝酸钠试液,即有黄棕色沉淀生成。写出离子反应式。

3) 生成四苯硼钾鉴定 K^+:于一小试管中,加 2 滴 K^+试液(0.5mol/L KCl 溶液),加入 3~4 滴四苯硼钠试剂,即有白色四苯硼钾沉淀生成。写出离子反应式。

2. 碱土金属

(1) 氢氧化镁的生成和性质:在 3 支小试管中,各加入约 5 滴 0.5mol/L $MgCl_2$ 溶液,再向各试管中滴加 2 滴 2mol/L NaOH 溶液,观察生成的氢氧化镁沉淀的颜色和状态,然后再分别滴加 3~4 滴 2mol/L NaOH、2mol/L HCl、10% NH_4Cl 溶液,观察现象,并比较三个试管中沉淀量的多少。写出反应式,并解释之。

(2) 难溶盐的生成和性质、硫酸盐的溶解度比较:在 3 支试管中,分别加入 10 滴 0.5mol/L $CaCl_2$、$SrCl_2$、$BaCl_2$ 溶液,然后各加 10 滴 0.5mol/L Na_2SO_4 溶液,观察反应产物的颜色和状态。比较 $CaSO_4$、$SrSO_4$、$BaSO_4$ 的溶解度大小。

(3) 钙、锶、钡碳酸盐的生成和性质

1) 取 3 支试管,分别加 5 滴 0.5mol/L $CaCl_2$、$SrCl_2$、$BaCl_2$ 溶液,再加 6~7 滴 0.5mol/L Na_2CO_3 溶液,观察现象,再向各管中加约 10 滴 2mol/L HAc,观察现象并写出反应式。

2) 取 1 支试管,加 5 滴 0.50mol/L $MgCl_2$ 溶液,5 滴氨水-氯化铵-碳酸铵混合溶液[含 1.0mol/L $NH_3 \cdot H_2O$-NH_4Cl 和 0.50mol/L $(NH_4)_2CO_3$],观察现象,并解释之。

(4) 钙、钡铬酸盐的生成和性质:在 2 支试管中,各加 5 滴 $CaCl_2$、0.50mol/L $BaCl_2$ 溶液,再加 10 滴 0.50mol/L K_2CrO_4 溶液,观察现象。试验产物对 2.0mol/L HAc、2.0mol/L HCl 溶液的作用。写出反应式。

(5) 钙离子的鉴定:生成草酸钙鉴定 Ca^{2+}:在 1 支试管中,加 5 滴 Ca^{2+}试液(0.50mol/L $CaCl_2$ 溶液)和 10 滴 $(NH_4)_2C_2O_4$ 溶液,观察反应现象,试验产物对

2.0mol/L HAc、2.0mol/L HCl 溶液的作用。写出反应式。

(6) 镁离子的鉴定：生成磷酸铵镁鉴定 Mg^{2+}：在 1 支试管中加 10 滴 Mg^{2+} 试液(0.50mol/L $MgCl_2$ 溶液)，加 5 滴 $NH_3·H_2O$-NH_4Cl 溶液，再加 10 滴 Na_2HPO_4 溶液，振荡试管，有白色磷酸铵镁沉淀生成。写出反应式。

3. 未知液的分离和检出

取可能含 Na^+、K^+、NH_4^+、Mg^{2+}、Ca^{2+}、Ba^{2+} 的混合液 20 滴，于一离心管中混合均匀后，先按 1 中的步骤检验 NH_4^+ 离子。

(1) NH_4^+ 的检出——气室法：取 3 滴混合溶液于一块表面皿上，再滴加 6mol/L NaOH 溶液至碱性为止。另取一块较小表面皿，在凹面贴一块湿的 pH 试纸和一块以奈氏试剂润湿的滤纸，将此表面皿迅速覆盖在大表面皿上。如果 pH 试纸变成蓝紫色并使蘸有奈氏试剂的滤纸变成红褐色，表示试液中有 NH_4^+（同时做空白实验）。

检出 NH_4^+ 以后，再按下列步骤进行分离和检出。

(2) $BaCO_3$、$CaCO_3$ 的沉淀：在试液中加 6 滴 3.0mol/L NH_4Cl 溶液，并加 2.0mol/L 氨水使溶液呈碱性，再多加 3 滴氨水。在搅拌下加 10 滴 1.0mol/L $(NH_4)_2CO_3$ 溶液，离心管放在 60℃ 的热水浴中加热几分钟，然后离心沉降，分离，把清液移到另 1 支离心管中，按 5 中操作处理，沉淀供 3 用。

(3) Ba^{2+} 的分离和检出：在 2 中所得的沉淀用 10 滴热水洗涤，离心沉降，分离弃去洗涤液，加 2.0mol/L HAc 溶解沉淀(约 4 滴需加热，并不断搅拌)。然后加 5 滴 4.0mol/L NH_4Ac 溶液，加热后，滴加 0.50mol/L K_2CrO_4 溶液数滴，如有黄色沉淀产生即表示有 Ba^{2+} 存在，如清液呈桔黄色时，表明 Ba^{2+} 已沉淀完全，否则需要加 0.50mol/L K_2CrO_4 溶液使 Ba^{2+} 沉淀完全，离心沉降，分离，清液留做检查 Ca^{2+}。

(4) Ca^{2+} 的检出：向 3 所得的清液中加 1 滴 2.0mol/L 氨水和 1 滴 2.0mol/L $(NH_4)_2C_2O_4$ 溶液，加热后，如有白色沉淀产生，表示有 Ca^{2+}。

(5) 残留 Ba^{2+}、Ca^{2+} 的除去：向 2 所得的清液内加 2.0mol/L $(NH_4)_2C_2O_4$ 和 2.0mol/L $(NH_4)_2SO_4$ 各 1 滴。加热几分钟，如果溶液混浊，离心分离，弃去沉淀，把清液移到坩埚中。

(6) Mg^{2+} 的检出：取 1 滴 5 中的清液，加在点滴板的穴中，再加 2 滴 2.0mol/L NaOH 溶液使呈碱性，然后加 1 滴镁试剂，如产生蓝色沉淀，表示有 Mg^{2+} 存在。

(7) 铵盐的除去：将 5 中已经移在坩埚中的清液，小心地蒸发至只剩下几滴为止，再加 8~10 滴浓硝酸，然后蒸发至干，为了防止溅出，应在蒸到最后 1 滴时，借石棉网上的余热将其蒸发至干，最后用大火灼烧至不再冒白烟。冷却后，往坩埚中加入 8 滴蒸馏水，使溶解。从坩埚中取出此溶液 1 滴，加在点滴板的穴中，再加 2 滴奈氏试剂，如果不产生红褐色沉淀，表明铵盐已被除尽，否则需重复上述除铵盐的操作。铵盐除尽后，溶液供 8、9 检出 Na^+、K^+ 离子。

(8) Na^+的检出：取 7 中的溶液 2 滴，加 10 滴乙酸铀酰锌试剂，并用玻璃棒摩擦试管内壁，如有黄绿色晶体生成，示有 Na^+。

(9) K^+的检出：将 7 中剩余的溶液加到试管中，加 2 滴钴亚硝酸钠试液，如产生黄色沉淀，表示有 K^+。

【数据记录与结果处理】

1. 碱金属　见表 3-9-1、表 3-9-2.

表 3-9-1　金属钠的性质及其与氧的作用

试样	现象	加 H_2O	反应方程式
钠的燃烧			
检验结果			
试样		加 2 滴 2mol/L HAc	离子反应式
		10 滴乙酸铀酰锌试液	
1 滴 0.50mol/L NaCl 溶液			
试样		加 3~4 滴钴亚硝酸钠试液	离子反应式
2 滴 0.50mol/L KCl 溶液			

表 3-9-2　钠盐、钾盐的鉴定

试样	加 3~4 滴四苯硼钠试剂	离子反应式
2 滴 0.50mol/L KCl 溶液		

2. 碱土金属　见表 3-9-3~表 3-9-8。

表 3-9-3　氢氧化镁的生成和性质

试样	现象	加入试剂	解释现象	反应方程式
5 滴 0.50mol/L $MgCl_2$		3~4 滴 2mol/L NaOH		
2 滴 2.0mol/L NaOH		3~4 滴 2mol/L HCl		
		3~4 滴 10%$NHCl_4$		

表 3-9-4 难溶盐的生成和性质、硫酸盐的溶解度比较

试样	加入试剂	现象	反应方程式
10 滴 0.50mol/L CaCl$_2$			
10 滴 0.50mol/L SrCl$_2$	10 滴 0.5mol/L Na$_2$SO$_4$		
10 滴 0.50mol/L BaCl$_2$			
结论			

表 3-9-5 钙、锶、钡、镁碳酸盐的生成和性质

试样	6~7 滴 0.50mol/L Na$_2$CO$_3$	10 滴 2.0mol/L HAc	反应方程式
5 滴 0.50mol/L CaCl$_2$			
SrCl$_2$			
BaCl$_2$			

试样	5 滴 1.0mol/L NH$_3$·H$_2$O-NH$_4$Cl 和 0.50mol/L(NH$_4$)$_2$CO$_3$ 混合溶液	解释现象
5 滴 0.50mol/L MgCl$_2$ 溶液		

表 3-9-6 钙、钡铬酸盐的生成和性质

试样	10 滴 0.50mol/L K$_2$CrO$_4$	2.0mol/L HAc	2.0mol/L HCl	反应方程式
5 滴 0.50mol/L CaCl$_2$				
5 滴 0.50mol/L BaCl$_2$				

表 3-9-7 钙离子的鉴定

试样	10 滴 (NH$_4$)$_2$C$_2$O$_4$	2.0 mol/L HAc	2.0mol/L HCl	反应方程式
5 滴 0.50mol/L CaCl$_2$				

表 3-9-8 镁离子的鉴定

试样	5 滴 NH$_3$·H$_2$O-NH$_4$Cl 溶液 10 滴 Na$_2$HPO$_4$	反应方程式
10 滴 0.50mol/L MgCl$_2$ 溶液		

3. 未知液的鉴定

未知液可能含有_____。

【注意事项】

金属钠储存在煤油中,实验剩余应立即放回。注意不要用太大块金属钠,以

防发生爆炸。

【思考题与讨论】

1. 设计一个分离 K^+、Mg^{2+}、Ba^{2+} 的方法。

2. 现有五种溶液,它们是:$NaOH$、$NaCl$、$MgSO_4$、KOH、K_2CO_3,选用合适的试剂,将它们逐一鉴别。

3. 现有七种溶液:$(NH_4)_2SO_4$、HNO_3、Na_2CO_3、$BaCl_2$、$NaOH$、$NaCl$、H_2SO_4。利用它们间的相互反应,将它们逐一确定。

4. 有一白色固体,经初步试验,它不溶于水,用盐酸处理,则产生气泡,得一澄清溶液,如果用硫酸处理,也产生气泡,但不能形成澄清的溶液。这一白色固体是什么化合物?

(石松利)

实验十 卤 素

【实验目的】

1. 了解溴、碘的溶解性。
2. 掌握卤素单质的氧化性、卤素离子的还原性及其变化规律。
3. 掌握实验室中制备卤素单质的一般原理和方法。
4. 掌握卤素离子的一般分离鉴定方法。

【实验原理】

氟、氯、溴、碘是周期系第ⅦA族的元素,价电子组态为 ns^2sp^5。卤素原子的价电子层上有 7 个电子,容易得到一个电子生成卤化物,因此卤素都是很活泼的非金属,其常见的氧化数是 -1。但在一定条件下,卤素还能生成含氧酸,在其含氧酸中氧化数表现为 $+1$,$+3$,$+5$,$+7$。

卤素单质在水中的溶解度不大(氟与水发生剧烈的化学反应),而在有机溶剂中的溶解度较大。卤素分子都是非极性分子,故易溶于非极性有机溶剂中。在非极性有机溶剂中,Br_2 呈橙黄色,I_2 呈紫红色。碘还易溶于碘化钾溶液中,生成 KI_3。

卤素最突出的特征是具氧化性,卤素单质都是氧化剂,其氧化能力的顺序为:

$$F_2 > Cl_2 > Br_2 > I_2$$

因此,氯、溴、碘都可以用前面的卤素从其卤化物中制取。如:

$$2KBr + Cl_2 = Br_2 + 2KCl$$

氯、溴、碘也可由氧化剂与其卤化物反应而制得。

卤素的离子都是还原剂,其还原性强弱则按相反的顺序变化:

$$I^- > Br^- > Cl^- > F^-$$

卤素在碱性介质中发生歧化反应生成 XO^- 离子：
$$X_2 + 2OH^- = X^- + XO^- + H_2O$$
XO^- 离子易进一步歧化生成 XO_3^- 离子：
$$3XO^- = 2X^- + XO_3^-$$

卤化银在氨水中溶解度不同，可通过控制氨的浓度来分离混合的卤素离子。AgCl 能溶于氨水和 $(NH_4)_2CO_3$ 溶液，因此常用 $(NH_4)_2CO_3$ 使 AgCl 沉淀溶解，与 AgBr、AgI 分离：
$$(NH_4)_2CO_3 + H_2O = NH_4HCO_3 + NH_3 \cdot H_2O$$
$$AgCl + 2NH_3 = [Ag(NH_3)_2]^+ + Cl^-$$
若以硝酸酸化上述溶液，AgCl 将重新沉淀析出。

卤素的含氧酸及其盐都具有氧化性。其氧化性与溶液的 pH 有关，在中性或碱性溶液中没有明显的氧化性，在酸性介质中有明显的氧化性，例如，$KClO_3$ 在中性溶液中不能氧化 KI，而在强酸性介质中，可将 I^- 氧化成 I_2：
$$KClO_3 + 6KI + 3H_2SO_4 = KCl + 3I_2 + 3H_2O + 3K_2SO_4$$
$$KIO_3 + 5KI + 3H_2SO_4 = 3K_2SO_4 + 3I_2 + 3H_2O$$
$KBrO_3$ 还能进一步将 I_2 氧化成 KIO_3：
$$2KBrO_3 + I_2 = 2KIO_3 + Br_2$$

次氯酸的氧化能力在氯的含氧酸中是最强的，因此它具有漂白、杀菌的作用，它的盐如次氯酸钠常用作漂白剂与消毒剂。

【主要仪器和试剂、材料】

1. 仪器：离心机，离心试管，试管，酒精灯。
2. 试剂：HNO_3(2 mol/L)，H_2SO_4(3 mol/L，6 mol/L，浓)，6 mol/L HCl，6 mol/L NaOH，0.1 mol/L KCl，0.1 mol/L KBr，0.1 mol/L KI，0.1 mol/L $Na_2S_2O_3$，0.1 mol/L $AgNO_3$，0.1 mol/L $MnSO_4$，0.1 mol/L $FeCl_3$，饱和 $KClO_3$，饱和 $KBrO_3$，0.1mol/L KIO_3，饱和 $(NH_4)_2CO_3$，氯仿，NaClO，氯水，溴水，碘水，品红溶液，淀粉溶液，I_2 固体，KCl 固体，KBr 固体，KI 固体，$KClO_3$ 固体，MnO_2 固体，硫磺粉，锌粉。
3. 材料：蓝色石蕊试纸，乙酸铅试纸，淀粉碘化钾试纸，滤纸。

【实验内容】

1. 溴和碘的溶解性

(1) 取一支试管，加入 1mL 去离子水和 10 滴溴水，观察溶液颜色。再加入 0.5mL 氯仿，充分振荡试管，观察水层和氯仿层颜色的变化，比较溴在水和氯仿中的溶解性。

(2) 取一小粒碘于干燥试管中，用小火加热，观察碘升华为碘蒸气的颜色。待试管冷却后，加入 2mL 去离子水，充分振荡试管，观察碘在水中的溶解情况及碘水的颜色。将碘水倒入另一支试管，加入 0.5mL 氯仿，充分振荡试管，观察水层和氯仿层颜色的变化。再往原试管里未溶完的碘中加入几滴 0.1mol/L KI 溶液，充分振荡,观察现象,比较碘在水中及碘化钾溶液中的溶解性。

2. 氯、溴、碘单质氧化性的比较

(1) 在试管中加入 10 滴 0.1mol/L KBr 溶液,再加入数滴氯水,振荡试管,观察溶液颜色变化。再加入 0.5mL 氯仿,振荡,观察水层和氯仿层颜色的变化。

(2) 在试管中加入 10 滴 0.1mol/L KI 溶液,再加入数滴溴水,观察溶液颜色变化。再加入 0.5mL 氯仿,振荡,观察水层和氯仿层颜色的变化,解释现象。

(3) 在试管中加入 10 滴 0.1mol/L KI 溶液,逐滴加入氯水,观察溶液颜色的变化。再加入 0.5mL 氯仿,振荡,观察水层和氯仿层颜色的变化。然后再向此溶液中加入过量的氯水至氯仿层的颜色消失为止,解释现象。

(4) 取碘水 5 滴于试管中,滴加 0.5mL 0.1mol/L $Na_2S_2O_3$ 溶液,观察溶液颜色的变化。

综合以上实验,写出反应方程式,并用标准电极电势说明 Cl_2、Br_2、I_2 的氧化性的相对强弱。

3. 卤素单质的制备 取三支干燥试管,分别加入少量 KCl、KBr、KI 固体,再向各试管中分别加入 2mL 3mol/L H_2SO_4 溶液和少量 MnO_2 固体。在加入 KCl 的试管口用淀粉碘化钾试纸检验放出的气体。在其余两支试管中各加入几滴氯仿,观察颜色变化,写出反应方程式。

4. 卤素离子还原性的比较

(1) 取三支干燥试管,分别加入少量(绿豆大小)KCl、KBr、KI 固体,再各加 0.5mL 浓 H_2SO_4(在通风橱内进行),观察并比较各试管中产物的颜色和状态,同时分别用湿润的蓝色石蕊试纸、淀粉碘化钾试纸(或沾有 I_2 试液的试纸)、乙酸铅试纸在试管口检验产生的气体。

(2) 取两支试管,各加入 5 滴 0.1 mol/L $FeCl_3$ 溶液,再分别加入 0.5mL 0.1mol/L KBr 溶液和 KI 溶液,然后各加入 0.5mL 氯仿,振荡试管,观察两试管中氯仿层的颜色。

综合以上实验,写出有关反应方程式,并说明 Cl^-、Br^-、I^- 离子还原性变化规律。

5. 次氯酸盐的氧化性

(1) 取一支试管,加入 0.5mL NaClO 和 3 滴 6mol/L HCl 溶液,用淀粉碘化钾试纸检验有无 Cl_2 生成,写出反应式。

(2) 取一支试管,加入 3 滴 NaClO 和 6~7 滴氯仿,然后加入 8~10 滴 0.1mol/L KI 溶液,振荡试管,观察氯仿层的颜色变化。再逐滴加入过量的 NaClO,不断振摇直至氯仿层颜色消失,记录现象,写出有关反应式。

(3) 取一支试管,加入 3 滴 NaClO,然后滴加 0.1mol/L $MnSO_4$ 溶液,观察现象,写出反应式。

(4) 取一支试管,加入 3 滴 NaClO,逐滴加入品红溶液,观察现象。

6. 卤酸盐的氧化性

(1) 在试管中加入饱和 $KClO_3$ 溶液 0.5mL，然后加入 0.1mol/L KI 溶液 2～3 滴和淀粉溶液 2 滴，观察现象。把溶液分成两份，一份逐滴加入 6 mol/L H_2SO_4 酸化，并不断振荡试管，另一支试管留作对照。稍等片刻，观察有何变化。写出反应式，比较氯酸盐在中性和酸性溶液中的氧化性。

(2) 取 1mL 饱和 $KBrO_3$ 溶液，加一小粒 I_2，再逐滴加入 6 mol/L H_2SO_4，振荡试管，观察现象，写出反应式。

(3) 取 1mL 饱和 $KBrO_3$ 溶液和 0.5mL 3 mol/L H_2SO_4，加入几滴 0.5mol/L KBr 溶液，振荡试管，观察反应产物的颜色和状态(如果反应不明显，可微热)，写出反应式。

(4) 取 5 滴 0.1mol/L KIO_3 溶液，加入数滴 0.1mol/L KI 溶液和淀粉溶液 2 滴，混合后，观察现象。再逐滴加入 6 mol/L H_2SO_4，最后再加数滴 6 mol/L NaOH，观察现象，写出反应式。

(5) 取一小勺干燥的 $KClO_3$ 固体，在纸上与硫磺粉小心混合均匀(约 2∶1)，用纸包好，在室外指定地点用铁锤猛击，可听见爆炸声。写出该反应的方程式。

7. Cl^-、Br^- 和 I^- 混合液的分离与检出　取 0.1mol/L KCl、KBr、KI 溶液各 10 滴混合于一支离心试管中，加 2 滴 2mol/L HNO_3 溶液酸化，再滴加 0.1mol/L $AgNO_3$ 溶液至沉淀完全。将此沉淀离心分离，弃去溶液，用去离子水洗涤沉淀两次，每次用水 4～5 滴，搅拌后离心分离，弃去洗涤液得卤化银混合沉淀。

向卤化银混合沉淀中加入 2mL 饱和 $(NH_4)_2CO_3$ 溶液，充分搅拌后离心分离。用滴管将清液移至另一试管中，保留沉淀(AgBr 和 AgI)用作 Br^-、I^- 的鉴定。在清液中加入 2mol/L HNO_3 溶液酸化，如果有白色沉淀生成，表示有 Cl^- 存在。

在上述保留的沉淀中加入 10 滴水和少量锌粉，再加 2 滴 3 mol/L H_2SO_4 酸化，充分搅拌，待沉淀完全变成黑色后，离心分离，吸取清液于另一支试管中。在清液中加 10 滴氯仿，然后逐滴加入 NaClO，边滴边振荡试管，并仔细观察氯仿层颜色变化。如果氯仿层显紫红色，表示有 I^- 存在。继续滴加 NaClO，若氯仿层紫红色消失，并显棕黄色或黄色，表示有 Br^- 存在。请写出有关反应方程式，解释上述现象，并画出实验过程示意图。

【注意事项】

1. 氯、溴等蒸气为刺激性有毒气体，吸入人体会刺激喉管，引起咳嗽和喘息。实验须在通风橱内进行，室内也要注意通风换气。

2. 氯酸钾和硫磺粉都是火药中的主要成分，实验时用量要严格遵守规定，不准将药品私自带出实验室。

3. 离心试管加热时应用水浴，不可以直接加热，以免试管破裂。

4. 当检验反应逸出的气体时，必须把试纸用水润湿后放在试管口，不能投入试管内。

【思考题与讨论】

1. 用氯水和 KI 溶液反应时，如果氯水过量，氯仿层碘的紫色消失，用碘酸钾与 Na_2SO_3 溶液反应时，如果过量，淀粉的蓝色也消失，两个反应有什么不同？说明碘具备什么性质？

2. 用淀粉碘化钾试纸检验氯气时，为什么试纸先呈蓝色，随后蓝色又消失？

3. 溴能从含碘离子的溶液中取代碘，而碘又能从溴酸钾中取代溴，二者有无矛盾？试加以说明。

4. 实验室中能否用浓硫酸与碘或溴的卤化物来制备 HI 或 HBr？为什么？写出反应式。

5. 根据标准电极电势，说明次氯酸盐和氯酸盐的氧化性何者强？氯酸盐的氧化性在酸性介质中强还是在碱性介质中强？

6. 用 $AgNO_3$ 溶液鉴定卤素离子时，为什么要加少量稀 HNO_3 溶液？向未知液中加入 $AgNO_3$ 溶液，如无沉淀，能否证明不存在卤素离子？为什么？

(陈 菲)

实验十一 氧、硫

【实验目的】

1. 掌握 H_2O_2 的氧化性、还原性及鉴定方法。
2. 掌握不同氧化态硫的化合物的主要性质。

【实验原理】

1. 过氧化氢具有强氧化性，通常作为氧化剂使用，但也能被更强的氧化剂(如高锰酸钾等)氧化为氧气。酸性溶液中，H_2O_2 与 $Cr_2O_7^{2-}$ 反应生成蓝色的 CrO_5，这一反应用于鉴定 H_2O_2。

2. H_2S 具有强还原性，在酸性溶液中，Fe^{3+}、Br_2、I_2、MnO_4^-、$Cr_2O_7^{2-}$、HNO_3 等均可氧化氢硫酸，并且一般被氧化为单质硫。

3. 硫代硫酸钠是中强还原剂，它与中强氧化剂(如碘)反应被氧化为四硫酸钠，较强的氧化剂(如氯、溴等)可将硫代硫酸钠氧化为硫酸钠。

【主要仪器和试剂、材料】

1. 仪器：试管、滴管。
2. 试剂：0.1 mol/L $Pb(NO_3)_2$、3% H_2O_2、0.01 mol/L $KMnO_4$、2 mol/L H_2SO_4、0.1 mol/L $K_2Cr_2O_7$、乙醚、0.1 mol/L $Na_2S_2O_3$、2 mol/L HCl、氯水、0.1 mol/L $AgNO_3$、H_2S 饱和溶液。

【实验内容】

1. 过氧化氢

(1) H_2O_2 的氧化性：取 3 滴 0.1 mol/L $Pb(NO_3)_2$ 溶液，加入 2 滴 H_2S 饱和溶液，观察沉淀颜色，再加 3% H_2O_2 溶液，直至沉淀颜色转为白色。写出反应方程式。

(2) H_2O_2 的还原性：在试管中加几滴 0.01 mol/L $KMnO_4$ 溶液，用少量 2 mol/L H_2SO_4 酸化后，滴入 3% H_2O_2 溶液，观察现象，写出反应方程式。

(3) H_2O_2 的鉴定：在试管中加入 2 mL 3% H_2O_2 溶液，0.5 mL 乙醚，并加入少量的 2 mol/L H_2SO_4 酸化，再加入 2~3 滴 0.1 mol/L $K_2Cr_2O_7$ 溶液，振荡试管，观察生成的过氧化铬 CrO_5 溶于乙醚而呈现的蓝色。但 CrO_5 不稳定，慢慢分解，乙醚层蓝色逐渐褪去。

2. H_2S 的还原性　取 2 支试管各加入饱和 H_2S 水溶液 1 mL，加入 2 mol/L H_2SO_4 酸化，分别逐滴加入 0.01 mol/L $KMnO_4$ 溶液和 0.1 mol/L $K_2Cr_2O_7$ 溶液，观察现象，写出方程式。

3. 硫代硫酸盐的性质

(1) 硫代硫酸盐的还原性

1) 向 0.5 mL 0.1 mol/L $Na_2S_2O_3$ 溶液中滴加 2 mol/L HCl 溶液，观察现象，写出反应方程式。

2) 向 0.5 mL 0.1 mol/L $Na_2S_2O_3$ 溶液中滴加数滴氯水，观察现象，写出反应方程式。

(2) $S_2O_3^{2-}$ 的鉴定：在试管中加入 0.5 mL 0.1 mol/L $AgNO_3$ 溶液，再加入几滴 0.1 mol/L $Na_2S_2O_3$ 溶液，先产生白色 $Ag_2S_2O_3$ 沉淀，沉淀由白色很快变黄变棕最后变黑。

【注意事项】

1. 硫化氢为有毒气体，制备和使用时要在通风橱中操作。
2. 过氧化物是氧化剂，对皮肤有腐蚀性，使用时应注意。

【思考题与讨论】

1. 哪些物质既能作氧化剂又能作还原剂？H_2O_2 被氧化和被还原的产物是什么？
2. H_2S、Na_2S、Na_2SO_3 的溶液放置久了，会发生什么变化？如何判断变化情况？

(范荣华)

实验十二　氮、磷

【实验目的】

1. 熟悉和掌握硝酸、亚硝酸和硝酸盐的主要性质，掌握铵离子的检验方法。

2. 了解和熟悉磷和磷酸盐的主要性质。

【实验原理】

1. 亚硝酸和亚硝酸盐　亚硝酸是弱酸，不稳定，只存在于稀冷的水溶液中，很容易发生歧化分解：

$$2HNO_2 = NO\uparrow + NO_2\uparrow + H_2O$$
$$3HNO_2 = HNO_3 + 2NO\uparrow + H_2O$$

大多数亚硝酸盐是稳定的，它们一般易溶于水($AgNO_2$除外)。在亚硝酸和亚硝酸盐中，N的氧化值为+3，处于中间氧化态，因而它们既具有氧化性又具有还原性。在酸性溶液中，亚硝酸及其盐有较强氧化性。例如，NO_2^-可将I^-和Fe^{2+}氧化成I_2和Fe^{3+}，而NO_2^-被还原为NO：

$$2HNO_2 + 2HI = I_2 + 2NO\uparrow + 2H_2O$$
$$Fe^{2+} + 2H^+ + NO_2^- = Fe^{3+} + NO\uparrow + H_2O$$

另外，亚硝酸盐在酸性条件下能被强氧化剂氧化，如：

$$2MnO_4^- + 5NO_2^- + 6H^+ = 2Mn^{2+} + 5NO_3^- + 3H_2O$$

可用对氨基苯磺酸和α-萘胺与NO_2^-反应生成红色的偶氮染料来鉴定NO_2^-的存在：

$$H_2N-\bigcirc-SO_3H + NO_2^- + 2HAc = N\equiv\overset{+}{N}-\bigcirc-SO_3H + 2H_2O + 2Ac^-$$

$$HO_3S-\bigcirc-\overset{+}{N}\equiv N + \underset{NH_2}{\bigcirc\!\!\bigcirc} = HO_3S-\bigcirc-N=N-\bigcirc\!\!\bigcirc-NH_2 + H^+$$

2. 硝酸和硝酸盐　硝酸对热和光极不稳定，会发生下述分解：

$$4HNO_3 = 2H_2O + 4NO_2\uparrow + O_2\uparrow$$

硝酸是强酸，也是强氧化剂。除了铂、金和某些稀有金属外，它几乎能与所有的金属发生反应，它还能把许多非金属(如C、P、S等)氧化为相应的氧化物和含氧酸。硝酸作为氧化剂时，其还原产物是多种多样的。通常稀硝酸被还原为NO(活泼金属把稀硝酸还原为NH_4^+)，浓硝酸被还原为NO_2。冷的浓硝酸会使某些金属(如Al、Fe等)钝化。

硝酸盐在加热时可进行热分解。一般来说，碱金属和碱土金属的硝酸盐加热分解生成亚硝酸盐和氧气；金属活动性在镁和铜之间的金属硝酸盐分解得到相应的金属氧化物；金属活动性位于铜以后的金属硝酸盐热分解生成金属单质。

NO_3^-可用棕色环法鉴定，其反应方程式如下：

$$NO_3^- + 3Fe^{2+} + 4H^+ = NO\uparrow + 3Fe^{3+} + 2H_2O$$
$$Fe^{2+} + NO = [Fe(NO)]^{2+} \text{ 亚硝基合铁(Ⅱ)离子(棕色)}$$

3. NH_4^+的鉴定　NH_4^+常用两种方法鉴定：用NaOH溶液和铵盐反应生成NH_3

使湿润的红色石蕊试纸变蓝(或使酚酞试纸变红);或用奈斯勒试剂[$K_2(HgI_4)$]与铵盐在碱性溶液中反应产生红棕色沉淀。反应方程式为:

$$NH_4Cl + NaOH =\!=\!= NaCl + NH_3\uparrow + H_2O$$

$$NH_4Cl + 2[K_2(HgI_4)] + 4KOH =\!=\!= [Hg_2ONH_2]I\downarrow + KCl + 7KI + 3H_2O$$

4. 磷酸盐的溶解性及 PO_4^{3-} 的鉴定 磷酸的各种钙盐在水中的溶解度不同:$Ca_3(PO_4)_2$ 和 $CaHPO_4$ 难溶于水,而 $Ca(H_2PO_4)_2$ 则易溶于水。

磷酸根离子 PO_4^{3-} 可用磷酸铵镁沉淀法和磷钼酸铵沉淀法鉴定。其反应方程式如下:

$$PO_4^{3-} + NH_4^+ + Mg^{2+} =\!=\!= MgNH_4PO_4\downarrow$$

$$PO_4^{3-} + 12MoO_4^{2-} + 3NH_4^+ + 24H^+ =\!=\!= (NH_4)_3PO_4\cdot 12MoO_3\cdot 6H_2O\downarrow + 6H_2O$$

【主要仪器和试剂、材料】

1. 仪器:试管、表面皿、酒精灯、恒温水浴锅、离心机。

2. 试剂:硫粉(固体)、铜(固体)、锌(固体)、KNO_3(固体)、NH_4NO_3(固体)、$Cu(NO_3)_2$(固体)、$AgNO_3$(固体)、NH_4Cl(0.1 mol/L)、H_2SO_4(浓、1mol/L、2mol/L、3mol/L)、HNO_3(浓、2mol/L、6mol/L)、HCl(2mol/L)、H_3PO_4(0.1mol/L)、HAc(2mol/L、6mol/L)、NaOH(2mol/L)、$NH_3\cdot H_2O$(浓、0.1mol/L);KI(0.1mol/L)、$KMnO_4$(0.1mol/L)、$K_4P_2O_7$(0.1mol/L)、$NaNO_3$(0.5mol/L)、$NaNO_2$(饱和、0.1mol/L、0.5mol/L)、Na_3PO_4(0.1mol/L)、Na_2HPO_4(0.1mol/L)、NaH_2PO_4(0.1mol/L)、$CaCl_2$(0.1mol/L)、$FeSO_4$(0.5mol/L)、$AgNO_3$(0.1mol/L)、$(NH_4)_2MoO_4$(0.1mol/L)、对氨基苯磺酸、α-萘胺、1%鸡蛋白水溶液、奈斯勒试剂[$K_2(HgI_4)$]、铵镁试剂、0.5%的淀粉溶液、白磷、CS_2。

3. 材料:酚酞试纸、石蕊试纸、pH 试纸、滤纸。

【实验内容】

1. 铵离子的检验

(1) 取 2 滴 0.1mol/L NH_4Cl 溶液于表面皿中心,在另一块表面皿中心黏附一小条湿润的酚酞试纸(或红色石蕊试纸),然后在 NH_4Cl 溶液中滴加 2mol/L NaOH 溶液 2 滴,混匀后即将粘有试纸的表面皿盖上做成"气室",稍待片刻(必要时在水浴上微热),观察酚酞试纸是否变红。

(2) 取几滴 0.1mol/L NH_4Cl 溶液于小试管中,加入 2 滴 2mol/L NaOH 溶液,再加 2 滴奈斯勒试剂[$K_2(HgI_4)$],观察并记录实验现象。

2. 亚硝酸的生成和性质

(1) 亚硝酸的生成:把盛有约 1 mL 饱和 $NaNO_2$ 溶液的试管置于冰水中冷却,然后滴入 3mol/L H_2SO_4 溶液约 1 mL 并混合均匀,观察溶液颜色。将试管自冰水中取出并放置一段时间,观察液面上气体的颜色,解释现象并写出反应方程式。

(2) 亚硝酸的氧化性:在试管中加入 2 滴 0.1mol/L KI 溶液,加水稀释至 1mL,用 1 mol/L H_2SO_4 酸化后,滴加 0.1mol/L $NaNO_2$ 溶液 2 滴,观察现象。再加入淀粉溶液 1 滴，观察现象并解释之。写出反应方程式。

(3) 亚硝酸的还原性：在试管中加入 0.1mol/L KMnO₄ 溶液 5 滴，用 2mol/L H_2SO_4 酸化，然后滴加 0.1mol/L NaNO₂ 溶液。观察现象，写出反应方程式。

(4) 亚硝酸根离子的鉴定：取 1 滴 0.5mol/L NaNO₂ 溶液于试管中，滴入几滴去离子水，再加入几滴 6mol/L HAc 溶液酸化，然后加入 1 滴对氨基苯磺酸和 1 滴 α-萘胺，如出现红色，证明有 NO_2^- 存在。

3. 硝酸和硝酸盐的性质

(1) 硝酸的氧化性：分别用浓硝酸与硫粉、金属铜、锌作用；稀硝酸与金属铜、锌作用，观察实验现象并写出反应方程式。

(2) 硝酸盐的热分解：在干燥的小试管中分别加入少量固体 KNO_3、NH_4NO_3、$Cu(NO_3)_2$、$AgNO_3$，灼热熔化分解，注意观察分解产物，写出反应方程式。

(3) 硝酸根离子的鉴定：在小试管中加入 10 滴 0.5mol/L $FeSO_4$ 溶液和 0.5mol/L $NaNO_3$ 溶液，摇匀，将试管斜持，沿试管壁慢慢滴加 1 滴浓 H_2SO_4，观察浓 H_2SO_4 和溶液的两个液层交界处有无棕色环出现。

4. 磷的性质

(1) 取绿豆大小的白磷一粒，用滤纸吸干，投入装有 1mL CS_2 的试管中，轻轻摇动。观察白磷是否溶解，保留 CS_2 溶液。

(2) 将(1)中保留的 CS_2 溶液倒在滤纸上，用试管夹夹起滤纸，在空气中摇动，观察滤纸是否能够着火燃烧？并解释其原因。

5. 磷酸盐的性质

(1) 用 pH 试纸分别检验 0.1mol/L Na_3PO_4、Na_2HPO_4 和 NaH_2PO_4 溶液的酸碱性。然后分别取此三种溶液各 10 滴于 3 支试管中，各加入 10 滴 0.1mol/L $AgNO_3$ 溶液，观察黄色磷酸银沉淀的生成。再分别用 pH 试纸检验各试管中溶液的酸碱性，对比前后各有何变化，试加以解释。

(2) 分别取 0.1mol/L Na_3PO_4、Na_2HPO_4 和 NaH_2PO_4 溶液于试管中，各加入 0.1mol/L $CaCl_2$ 溶液，观察有无沉淀产生？然后加入 0.1mol/L 氨水，观察各有何变化？再分别加入 2 mol/L HCl，又有何变化？

比较 $Ca_3(PO_4)_2$、$CaHPO_4$ 和 $Ca(H_2PO_4)_2$ 的溶解性，说明它们之间相互转化的条件，写出反应方程式。

(3) 偏磷酸根、磷酸根、焦磷酸根的区别和鉴定：①在 0.1mol/L 的 H_3PO_4 溶液和 0.1mol/L $K_4P_2O_7$ 溶液中各加入 0.1mol/L $AgNO_3$ 溶液，观察现象。离心分离，弃去溶液，向沉淀中加入 2mol/L HNO_3，沉淀是否溶解？②在 HPO_3(可自制)、H_3PO_4 和 $K_4P_2O_7$ 溶液中各加入 2mol/L 的 HAc 和 1%鸡蛋白水溶液，有何现象发生？

(4) 磷酸根离子的鉴定：① 磷酸铵镁沉淀法：取 2 滴 0.1mol/L Na_3PO_4 溶液于试管中，向其中滴入铵镁试剂，观察是否有白色沉淀生成(若试液为酸性，可用浓氨水调至碱性后再试验)。② 磷钼酸铵沉淀法：取 3 滴 0.1mol/L Na_3PO_4 溶液于试管中，滴入 1 滴 6mol/L HNO_3 及 8~10 滴 0.1mol/L 的 $(NH_4)_2MoO_4$，观察有无黄色沉淀生成。

【注意事项】

1. 亚硝酸及其盐有毒,切勿引入口中!

2. 除一氧化二氮外,所有氮的氧化物都有毒。其中尤以二氧化氮为甚,其允许含量为每升空气中不得超过 0.005mg。由于硝酸的分解产物或还原产物大多为氮的氧化物,因此,涉及硝酸的反应均应在通风橱中进行。

3. 白磷是一种有剧毒和易燃的物质,与皮肤接触会引起剧痛和难以恢复的灼伤。因此,在使用时必须注意安全。

4. 白磷应保存在水中,切割时应在水下操作,并用镊子夹取。取出后迅速用滤纸轻轻吸干,切勿摩擦。使用过的白磷残渣,切勿倒入水槽,应集聚一起放在石棉网上烧掉。若发生白磷意外燃烧事故,可用沙子扑灭;若皮肤被白磷灼伤,可用 5%的 $CuSO_4$ 溶液和 10% $AgNO_3$ 溶液或 $KMnO_4$ 溶液清洗,然后进行包扎。

【思考题与讨论】

1. 在氧化还原反应中,为什么一般不选用硝酸作为反应的介质?

2. 以 Na_2HPO_4 和 NaH_2PO_4 为例,说明酸式盐溶液是否都显酸性?

3. 欲用酸溶解磷酸银沉淀,在盐酸、硫酸和硝酸中,选用哪一种最合适?为什么?

4. 怎样消除 NO_2^- 对鉴定 NO_3^- 的干扰?

5. 用钼酸铵检验 PO_4^{3-} 时,为什么强调必须在加热及有过量几倍的沉淀剂和浓 HNO_3 的条件下进行反应?

(由丽梅)

实验十三 铬、锰、铁、钴、镍

【实验目的】

1. 掌握低价铬(Cr)、锰(Mn)、铁(Fe)、钴(Co)、镍(Ni)氢氧化物的还原性。

2. 掌握 Cr(Ⅲ)化合物的还原性、Cr(Ⅵ)化合物的氧化性以及 CrO_4^{2-} 和 $Cr_2O_7^{2-}$ 的转化;低价锰的还原性和高价锰的氧化性。

3. 掌握铁(Fe)、钴(Co)、镍(Ni)配合物的性质以及离子鉴定。

4. 了解过渡元素化学性质的特点。

【实验原理】

Cr,Mn,Fe,Co,Ni 为第四周期的ⅥB,ⅦB,ⅧB族元素。它们能形成多种氧化值的化合物。铬的价层电子组态为 $3d^54s^1$,一定条件下,铬的 6 个价电子可以部分或全部参与化学键形成,因此铬能形成氧化值为+2、+3 和+6 的化合物。

铬元素的电势图如图 3-13-1 所示。

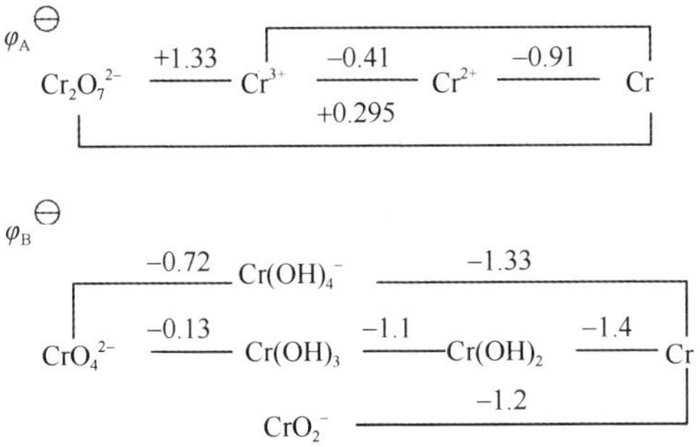

$$\varphi_A^{\ominus} \quad Cr_2O_7^{2-} \xrightarrow{+1.33} Cr^{3+} \xrightarrow{-0.41} Cr^{2+} \xrightarrow{-0.91} Cr$$
$$\xrightarrow{+0.295}$$

$$\varphi_B^{\ominus} \quad CrO_4^{2-} \xrightarrow{-0.13} \begin{array}{c} \xrightarrow{-0.72} Cr(OH)_4^- \xrightarrow{-1.33} \\ Cr(OH)_3 \xrightarrow{-1.1} Cr(OH)_2 \xrightarrow{-1.4} Cr \\ CrO_2^- \xrightarrow{-1.2} \end{array}$$

图 3-13-1 铬的元素电势图

从电势图可以看出：$Cr_2O_7^{2-}$ 在酸性介质中具有很强的氧化性，可被还原为 Cr^{3+}；而 Cr^{2+} 有较强的还原性，可被氧化为 Cr^{3+}。在碱性介质中，CrO_4^{2-} 氧化性则很弱。

锰的价层电子组态为 $3d^54s^2$，一定条件下，锰的 7 个价电子可以部分或全部参与化学键的形成，因此锰能形成氧化值为+2～+7 的化合物。锰元素的电势图如图 3-13-2 所示。

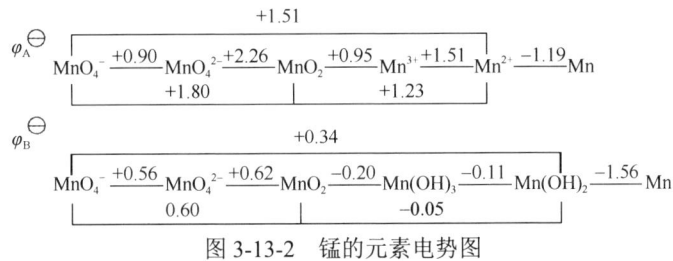

图 3-13-2 锰的元素电势图

铁、钴和镍的氧化值相对单一，主要的氧化值有+2、+3。

1. 铬重要化合物的性质

(1) 氢氧化铬 $Cr(OH)_3$ 的性质：氢氧化铬 $Cr(OH)_3$ 为蓝绿色固体，是典型的两性氢氧化物。$Cr(OH)_3$ 与酸反应生成 Cr^{3+} 盐，与 NaOH 溶液反应生成深绿色 $Na[Cr(OH)_4]$(也可简写成 $NaCrO_2$)。

$$Cr(OH)_3 + 3H^+ = Cr^{3+} + 3H_2O$$
$$Cr(OH)_3 + NaOH = NaCrO_2 + 2H_2O$$

(2) 铬酸盐和重铬酸盐：在碱性介质中 Cr^{3+} 具有较强的还原性，如绿色的亚铬酸盐($NaCrO_2$)在碱性介质中可以被 H_2O_2 氧化生成黄色的铬酸盐(Na_2CrO_4)：

$$2NaCrO_2 + 3H_2O_2 + 2NaOH = 2Na_2CrO_4 + 4H_2O$$

再向溶液中加入 Ba^{2+}，则有黄色的 $BaCrO_4$ 沉淀生成，这样就可鉴定 Cr^{3+}：

$$CrO_4^{2-} + Ba^{2+} = BaCrO_4 \downarrow$$
柠檬黄

$BaCrO_4$,Ag_2CrO_4,$PbCrO_4$的溶度积常数K_{sp}值分别为$1.17×10^{-10}$,$1.12×10^{-12}$,$1.8×10^{-14}$,均为难溶盐。因CrO_4^{2-}与$Cr_2O_7^{2-}$在溶液中存在平衡关系:

$$2CrO_4^{2-} + 2H^+ \rightleftharpoons Cr_2O_7^{2-} + H_2O$$
$$\text{黄色} \qquad\qquad \text{橙红色}$$

又因为Ba^{2+}、Ag^+和Pb^{2+}重铬酸盐的溶解度比铬酸盐溶解度大,故向$Cr_2O_7^{2-}$溶液中加入Ba^{2+}、Ag^+和Pb^{2+}时,根据平衡移动规则,可分别得到$BaCrO_4$(柠檬黄色)、Ag_2CrO_4(砖红色)和$PbCrO_4$(铬黄色)沉淀。这些难溶盐均可溶于强酸。

$$2Ba^{2+} + Cr_2O_7^{2-} + H_2O == 2BaCrO_4 + 2H^+$$
$$4Ag^+ + Cr_2O_7^{2-} + H_2O == 2Ag_2CrO_4 + 2H^+$$
$$2Pb^{2+} + Cr_2O_7^{2-} + H_2O == 2PbCrO_4 + 2H^+$$

在酸性条件下,$Cr_2O_7^{2-}$(橙色)具有强氧化性,可氧化乙醇,得到的Cr^{3+},Cr^{3+}为绿色,反应式如下:

$$2Cr_2O_7^{2-} + 3C_2H_5OH + 16H^+ == 4Cr^{3+} + 3CH_3COOH + 11H_2O$$

根据颜色变化,可定性检查人呼出的气体和血液中是否含有酒精,来判断被检测人是否酒后驾车或酒精中毒。

2. Mn 重要化合物的性质

(1) 氢氧化锰 $Mn(OH)_2$:$Mn(OH)_2$是白色固体,为中强碱,具有还原性,易被空气中O_2所氧化:

$$4Mn(OH)_2 + O_2 == 4MnO(OH)_2 + 2H_2O$$
$$\text{褐色}$$

$MnO(OH)_2$不稳定分解产生肉色的MnO_2沉淀和H_2O。$Mn(OH)_2$与酸反应生成的Mn^{2+}很稳定,可与强氧化剂(如$NaBiO_3$、$S_2O_8^{2-}$等)作用时,可生成紫红色的MnO_4^-:

$$2Mn^{2+} + 5NaBiO_3 + 14H^+ == 2MnO_4^- + 5Bi^{3+} + 5Na^+ + 7H_2O$$

此反应用来鉴定Mn^{2+}离子。

(2) MnO_4^-的氧化性:MnO_4^-具有强氧化性,它的还原产物与溶液的酸碱性有关。在酸性、中性或碱性介质中,分别被还原为Mn^{2+}、MnO_2和MnO_4^{2-}。

$$4MnO_4^- + 4H^+ == MnO_2\downarrow + 3O_2\uparrow + 2H_2O \quad \text{(酸性介质)}$$
$$2MnO_4^- + I^- + H_2O == 2MnO_2\downarrow + IO_3^- + 2OH^- \quad \text{(中性介质)}$$
$$2MnO_4^- + SO_3^{2-} + 2OH^- == 2MnO_4^{2-} + SO_4^{2-} + H_2O \quad \text{(碱性介质)}$$

MnO_4^{2-}(绿色)能稳定存在于强碱溶液中,而在中性或微碱性溶液中易发生歧化反应:

$$3MnO_4^{2-}(绿色) + 2H_2O = 2MnO_4^- + MnO_2\downarrow + 4OH^-$$

3. 铁、钴、镍重要化合物的性质

(1) 铁、钴和镍的氢氧化物：白色的 $Fe(OH)_2$ 和粉色的 $Co(OH)_2$ 除具有碱性外，均还具有还原性，易被空气中的 O_2 所氧化。苹果绿的 $Ni(OH)_2$ 很稳定，不易被氧化。

$$4Fe(OH)_2 + O_2 + 2H_2O = 4Fe(OH)_3$$
$$4Co(OH)_2 + O_2 + 2H_2O = 4Co(OH)_3$$

$Co(OH)_3$(褐色)和 $Ni(OH)_3$(黑色)具强氧化性，可将盐酸中 Cl^- 氧化成 Cl_2。

$$2M(OH)_3 + 6HCl(浓) = 2MCl_2 + Cl_2 + 6H_2O \quad (M 为 Ni、Co)$$

(2) 铁、钴和镍的配合物：铁系元素是很好的配合物的形成体，能形成多种配合物，常见的有氨的配合物，Fe^{2+}、Co^{2+}、Ni^{2+} 与 NH_3 能形成配离子，它们的稳定性依次递增。

在无水状态下，$FeCl_2$ 与液 NH_3 形成 $[Fe(NH_3)_6]Cl_2$，此配合物不稳定，遇水即分解：

$$[Fe(NH_3)_6]Cl_2 + 6H_2O = Fe(OH)_3\downarrow + 4NH_3·H_2O + 2NH_4Cl$$

Co^{2+} 与过量 $NH_3·H_2O$ 作用，生成 $[Co(NH_3)_6]^{2+}$ 配离子：

$$Co^{2+} + 6NH_3·H_2O = [Co(NH_3)_6]^{2+} + H_2O$$

$[Co(NH_3)_6]^{2+}$ 配离子不稳定，在空气中放置立即被氧化成 $[Co(NH_3)_6]^{3+}$：

$$4[Co(NH_3)_6]^{2+} + O_2 + 2H_2O = 4[Co(NH_3)_6]^{3+} + 4OH^-$$

Ni^{2+} 与过量氨水反应，生成浅蓝色 $[Ni(NH_3)_6]^{2+}$ 配离子：

$$Ni^{2+} + 6NH_3·H_2O = [Ni(NH_3)_6]^{2+} + 6H_2O$$

铁系元素还有一些配合物，不仅很稳定，而且具有特殊颜色，根据这些特性，可用来鉴定铁系元素离子。如 Fe^{3+} 与黄血盐 $K_4[Fe(CN)_6]$ 溶液反应，生成深蓝色配合物沉淀：

$$Fe^{3+} + K^+ + [Fe(CN)_6]^{4-} = K[Fe(CN)_6Fe] \quad (蓝色)$$

Fe^{2+} 离子与赤血盐 $K_3[Fe(CN)_6]$ 溶液反应，生成深蓝色配合物沉淀：

$$Fe^{2+} + K^+ + [Fe(CN)_6]^{3-} = K[Fe(CN)_6Fe] \quad (深蓝色)$$

Co^{2+} 与 SCN^- 离子作用，生成蓝色配离子：

$$Co^{2+} + 4SCN^- = [Co(SCN)_4]^{2-}(蓝色)$$

当溶液中混有少量 Fe^{3+} 时，Fe^{3+} 与 SCN^- 作用生成血红色配离子：

$$Fe^{3+} + nSCN^- = [Fe(SCN)_n]^{(3-n)} (n=1\sim6)$$
$$血红色$$

少量 Fe^{3+} 的存在，干扰 Co^{2+} 的检出，可采用加掩蔽剂 NH_4F(或 NaF)的方法，F^- 可与 Fe^{3+} 结合形成更稳定且无色的配离子 $[FeF_6]^{3-}$，将 Fe^{3+} 掩蔽起来，从而消除 Fe^{3+} 的干扰。

$$[Fe(SCN)_n]^{3-n} + 6F^- = [FeF_6]^{3-} + (3-n)SCN^-$$

Ni^{2+} 在碱性或 $NaAc$ 溶液中，与丁二酮肟反应生成鲜红色沉淀。

可以利用配合物的特征颜色来鉴定 Fe^{3+}、Fe^{2+}、Co^{2+} 和 Ni^{2+}。

【主要仪器和试剂、材料】

1. 仪器：试管、烧杯、试管夹、长吸管。
2. 试剂：溴水、丙酮、丁二酮肟、饱和 NH_4SCN 溶液、3% H_2O_2 溶液、2 mol/L NaOH、2 mol/L HNO_3、2.0 mol/L、6 mol/L H_2SO_4、(2.0 mol/L 和 6.0mol/L)NaOH、(6.0 mol/L 和浓)$NH_3·H_2O$、(2.0 mol/L 和浓)HCl、 0.01 mol/L $KMnO_4$、0.50 mol/L $K_3[Fe(CN)_6]$、0.50mol/L $K_4[Fe(CN)_6]$、0.50 mol/L KSCN、0.10 mol/L $CrCl_3$、$K_2Cr_2O_7$、$NaNO_2$、K_2CrO_4、$AgNO_3$、$Pb(NO_3)_2$、$MnSO_4$、$KMnO_4$、Na_2SO_3、$CoCl_2$、$NiSO_4$、$FeCl_3$、$NaBiO_3$、$(NH_4)_2Fe(SO_4)_2·6H_2O$。
3. 材料：KI-淀粉试纸。

【实验内容】

1. 铬的重要化合物的生成和性质

(1) 铬(Ⅲ)化合物的还原性：取 10 滴 0.10 mol/L $CrCl_3$ 溶液，滴加 2.0 mol/L NaOH 溶液直至生成的沉淀恰好溶解，然后滴加 5 滴 3% H_2O_2 溶液，在水浴中加热，观察现象。写出有关反应方程式。

(2) 铬(Ⅵ)化合物的氧化性：取 2 滴 0.10 mol/L $K_2Cr_2O_7$ 溶液，滴加 10 滴 2.0 mol/L H_2SO_4 溶液酸化，然后滴加 5 滴 0.1 mol/L $NaNO_2$ 溶液，微热，观察溶液颜色的变化。写出反应式。

(3) CrO_4^{2-} 和 $Cr_2O_7^{2-}$ 的转化：取 10 滴 0.10 mol/L $K_2Cr_2O_7$ 溶液，滴加 2.0 mol/L NaOH 溶液使之呈碱性，观察现象。再滴加 2.0 mol/L H_2SO_4 溶液使之呈酸性，观察溶液颜色又有何变化。解释现象并写出离子反应式。

(4) 铬酸盐的生成：取 5 滴 0.1mol/L K_2CrO_4 溶液，分别滴加 0.10mol/L $AgNO_3$ 溶液和 0.10 mol/L $Pb(NO_3)_2$ 溶液，观察现象。再分别滴加 2.0 mol/L HCl 溶液，观察实验现象。写出有关反应式。

用 $K_2Cr_2O_7$ 溶液做同样的实验，比较两种实验的结果并解释原因。

2. 锰的重要化合物的生成和性质

(1) 锰(Ⅱ)的还原性：取 5 滴 0.10 mol/L $MnSO_4$ 溶液，加入 5 滴 2.0 mol/L HNO_3 溶液，再加入少量 $NaBiO_3$ 固体，观察现象。写出反应式。

(2) 锰(Ⅳ)化合物的生成：取 5 滴 0.10 mol/L $KMnO_4$ 溶液，逐滴加入 0.10 mol/L $MnSO_4$ 溶液，观察现象。写出反应式。

(3) $KMnO_4$ 的氧化性：在 3 支试管中各滴加 10 滴 0.10 mol/L Na_2SO_3 溶液，再分别加入 10 滴蒸馏水、6.0 mol/L H_2SO_4 溶液及 6.0 mol/L NaOH 溶液，然后向 3 支试管中各滴入 2 滴 0.01 mol/L $KMnO_4$ 溶液，观察现象。写出有关反应式。

3. 铬、锰、铁、钴、镍的氢氧化物的性质

(1) $Cr(OH)_3$ 的生成和性质：取 10 滴 0.10 mol/L $CrCl_3$ 溶液，滴加 2.0 mol/L

NaOH 溶液至沉淀生成，观察现象。将沉淀分成两份，分别滴加 2.0 mol/L NaOH 溶液和 2.0mol/L H_2SO_4 溶液，观察现象。写出有关反应式。

(2) $Mn(OH)_2$ 的生成和性质：在 2 支试管中各加入 5 滴 0.10mol/L $MnSO_4$ 溶液，再逐滴加入 2.0 mol/L NaOH 溶液使之呈碱性，观察现象。于一支试管中逐滴加入 2.0 mol/L HCl 溶液至酸性，沉淀是否溶解？另一支试管静置数分钟，观察沉淀颜色有何变化。写出反应式。

(3) $Fe(OH)_2$ 和 $Fe(OH)_3$ 的生成和性质：取 2 mL 蒸馏水，加入 2 滴 2.0mol/L H_2SO_4 溶液，煮沸除去氧，冷却后加入少量$(NH_4)_2Fe(SO_4)_2·6H_2O$ 晶体，振摇使之完全溶解；在另一试管中加入 1.0 mL 6.0 mol/L NaOH 溶液，煮沸冷却后，用长吸管吸取此 NaOH 溶液，迅速插入前一支试管底部，慢慢放出 NaOH 溶液，观察现象。振荡后在空气中静置，观察现象。写出相关反应式。

(4) $Co(OH)_2$ 的生成和性质：取 10 滴 0.10 mol/L $CoCl_2$ 溶液，滴加 2.0 mol/L NaOH 溶液，观察现象。在空气中静置，观察现象。写出反应式。

(5) $Ni(OH)_2$ 的生成和性质：用 $NiSO_4$ 溶液代替 $CoCl_2$ 溶液，重复实验(2)。观察现象。写出反应式。

通过实验(1)~(5)，比较 $Cr(OH)_3$、$Mn(OH)_2$、$Fe(OH)_2$、$Co(OH)_2$ 和 $Ni(OH)_2$ 还原性的强弱。

4. 铁、钴、镍的配合物的性质

(1) 取 1 mL 蒸馏水，加入极少量$(NH_4)_2Fe(SO_4)_2·6H_2O$ 晶体，溶解后，加 2 滴 0.5 mol/L $K_3[Fe(CN)_6]$溶液，观察现象。写出反应式。

(2) 在 2 支试管中，各加 1 mL 蒸馏水、4 滴 0.10 mol/L $FeCl_3$ 溶液和 2 滴 2.0 mol/L H_2SO_4 溶液，然后在一试管中加入 2 滴 0.50 mol/L $K_4[Fe(CN)_6]$溶液，在另一试管中加入 2 滴 0.50mol/L KSCN 溶液，振摇后，观察现象。分别写出反应式。

(3) 取 2 滴 0.10 mol/L $CoCl_2$ 溶液，滴加 5~10 滴丙酮，再加入几滴饱和 NH_4SCN 溶液，观察丙酮溶液的颜色。写出反应式。此法可用于 Co^{2+}的鉴定(但若加入过量的水，配合物将解离)。

(4) 取 10 滴 0.10 mol/L $CoCl_2$ 溶液，加入 1 滴 6 mol/L $NH_3·H_2O$ 溶液，观察现象。然后逐滴加入浓 $NH_3·H_2O$ 溶液，至生成的沉淀刚好溶解为止。静置一段时间，观察溶液颜色有何变化。解释并写出反应式。

(5) 取 10 滴 0.10 mol/L $NiSO_4$ 溶液，加入 2 滴 2.0 mol/L $NH_3·H_2O$ 溶液，观察现象。再逐滴加入浓 $NH_3·H_2O$ 溶液，再观察现象。然后加入几滴丁二酮肟试剂，观察观象有何变化。写出有关反应式。

【注意事项】

1. 试管实验加入试剂量按操作要求逐滴加并观察。
2. 避免加入过多试剂，导致部分实验现象不明显。

【思考题与讨论】

1. 试归纳铬、锰、铁、钴、镍氢氧化物的酸碱性和氧化还原性。
2. 在 $Co(OH)_3$ 中加入浓 HCl，有时会生成蓝色的溶液，加水稀释后变为粉红色，试解释。
3. 在 $K_2Cr_2O_7$ 溶液中，分别加入 $Pb(NO_3)_2$ 和 $AgNO_3$ 溶液会发生什么反应？
4. 酸性溶液中，$K_2Cr_2O_7$ 分别与 $FeSO_4$ 和 Na_2SO_3 反应的主要产物是什么？
5. 在酸性溶液、中性溶液和强碱性溶液中，$KMnO_4$ 与 Na_2SO_3 反应的主要产物分别是什么？
6. 试总结铬、锰、铁、钴、镍硫化物的性质。
7. 在 $CoCl_2$ 溶液中，滴加入 $NH_3·H_2O$ 溶液会有何现象？
8. 怎样分离溶液中的 Fe^{3+} 和 Ni^{2+}？

(徐恒瑰)

实验十四 铜、银、锌、镉、汞

【实验目的】

1. 掌握铜、银、锌、镉、汞的氢氧化物或氧化物的生成过程和酸碱性。
2. 掌握常见铜、银、锌、镉、汞的配合物的生成及性质。
3. 掌握铜、银、汞的氧化还原性。
4. 了解铜、银、锌、镉、汞离子的鉴定方法。

【实验原理】

在元素周期表中，铜、银位于ⅠB族；锌、镉、汞位于ⅡB族，它们都是过渡元素。

1. 氢氧化物或氧化物的生成和性质　$Zn(OH)_2$ 是典型的两性氢氧化物；$Cu(OH)_2$ 呈两性偏碱性；$Cd(OH)_2$ 呈碱性；AgOH 为白色沉淀，具有相当强的碱性，极不稳定，常温下易分解生成暗棕色的 Ag_2O；$Hg(OH)_2$ 在室温下不存在，往汞盐中加碱，只能得到黄色的碱性 HgO，Hg_2^{2+} 遇碱即发生歧化反应，生成黑色沉淀(HgO 与 Hg 的混合物)。

2. 氨配合物的生成　向 $CuSO_4$ 溶液中加入氨水时，先生成碱式硫酸铜沉淀 $[Cu_2(OH)_2SO_4]$，继续加入氨水，则形成深蓝色的铜氨配合物。

往 Ag^+、Cd^{2+}、Zn^{2+} 溶液中加氨水，先生成氢氧化物沉淀，继续加入过量的氨水，则均形成可溶性的氨配合物。

Hg^{2+} 不仅同氨形成配合物，而且可通过取代氨中的氢而直接形成共价键，如：
$$Hg(NO_3)_2 + 2NH_3 == [Hg-NH_2]NO_3\downarrow + NH_4NO_3$$
当溶液中有大量的 NH_4^+ 离子存在时，且阴离子为配位趋势很小的 NO_3^- 时，能制备出$[Hg(NH_3)_4]^{2+}$配合物。一般来说，所有产物都可获得，其比例取决于NH_3和NH_4^+的浓度及温度，通过精确地控制条件，有可能制备出纯的产物。

Hg_2^{2+}与氨水作用，则发生歧化反应，生成白色的氨基汞盐沉淀和灰黑色的单质汞。

3. Hg^{2+}、Hg_2^{2+}与卤素离子的反应　Hg^{2+}、Hg_2^{2+}与I^-作用，分别生成橙红色HgI_2和黄绿色Hg_2I_2沉淀，I^-过量时，HgI_2溶解生成无色配离子$[HgI_4]^{2-}$，Hg_2I_2则与过量的I^-发生歧化反应，生成$[HgI_4]^{2-}$和单质Hg。

4. Cu^{2+}和Ag^+的氧化还原性　在卤素离子存在的条件下，向Cu^{2+}溶液中加入还原剂(I^-、SO_3^{2-}、Cu等)，可得到CuX沉淀，在浓的卤素离子溶液中，CuX可溶解生成$[CuX_2]^-$配离子，$[CuX_2]^-$配离子在低浓度卤离子溶液中，又析出CuX沉淀。

在Cu^{2+}溶液中加入过量的$NaOH$，再加入葡萄糖，会产生红色的Cu_2O沉淀。$[Ag(NH_3)_2]^+$可与葡萄糖溶液反应，产生银镜。

5. 鉴定

(1) Cu^{2+}的鉴定：向含Cu^{2+}溶液中加入$[Fe(CN)_6]^{4-}$试液，产生红棕色的$Cu_2[Fe(CN)_6]$沉淀。

(2) Zn^{2+}的鉴定：向含Zn^{2+}溶液中加入$[Fe(CN)_6]^{4-}$试液，产生白色的$Zn_2[Fe(CN)_6]$沉淀，加入过量的$NaOH$溶液，沉淀溶解：

$$Zn_2[Fe(CN)_6] + 8\ OH^- = 2\ [Zn(OH)_4]^{2-} + [Fe(CN)_6]^{4-}$$

(3) Hg^{2+}的鉴定：Hg^{2+}与少量$SnCl_2$作用生成白色的Hg_2Cl_2沉淀，若$SnCl_2$过量时，则进一步与Hg_2Cl_2作用生成灰黑色的Hg沉淀。

【主要仪器和试剂、材料】

1. 仪器：水浴锅、离心机、离心试管、试管。

2. 试剂、材料：HCl(2.0 mol/L、6.0 mol/L)、HNO_3(2.0 mol/L)、$NaOH$(2.0 mol/L、6.0 mol/L)、$NH_3·H_2O$(2.0 mol/L、6.0 mol/L)、$(NH_4)_2S$(0.10 mol/L)、$CuSO_4$(0.10 mol/L)、$ZnSO_4$(0.10 mol/L)、$CdSO_4$(0.10 mol/L)、$AgNO_3$(0.10 mol/L)、$Hg(NO_3)_2$(0.10 mol/L)、$Hg_2(NO_3)_2$(0.10 mol/L)、KI(0.10 mol/L、2.0 mol/L)、$KSCN$(0.10 mol/L、2.0 mol/L)、Na_2SO_3(0.50 mol/L)、$SnCl_2$[0.10 mol/L(新配)]、$K_4[Fe(CN)_6]$(0.10 mol/L)、葡萄糖(10%)、$CuCl_2$(固体)、淀粉溶液。

【实验内容】

1. 铜、银、锌、镉、汞的氢氧化物或氧化物　取6支试管，分别加入1.0 mL 0.10 mol/L的$CuSO_4$、$AgNO_3$、$ZnSO_4$、$CdSO_4$、$Hg(NO_3)_2$、$Hg_2(NO_3)_2$溶液，然后再分别加入5滴2.0 mol/L $NaOH$溶液，观察沉淀的颜色，写出沉淀的化学组成。

将以上各种沉淀分成2份，一份沉淀加入0.5 mL 6.0 mol/L $NaOH$溶液，观察沉淀是否溶解；另一份沉淀加入0.5 mL 2.0 mol/L HCl，但$AgNO_3$溶液中产生的沉淀加入0.5 mL 2.0 mol/L HNO_3，观察沉淀的溶解现象，写出对应的化学反应式，判断这些氢氧化物或氧化物的酸碱性。

2. 铜、银、锌、镉、汞的氨配合物　往 6 支试管中分别加入 0.5 mL 0.10 mol/L 的 $CuSO_4$、$AgNO_3$、$ZnSO_4$、$CdSO_4$、$Hg(NO_3)_2$、$Hg_2(NO_3)_2$ 溶液，然后再分别加入 1 滴 2.0 mol/L $NH_3·H_2O$ 溶液，观察沉淀的生成，最后分别加入 0.5 mL 6.0 mol/L $NH_3·H_2O$ 溶液，观察沉淀是否溶解，写出相应的化学反应式。

3. 汞的碘配合物　在 2 支试管中分别加入 0.10 mol/L $Hg(NO_3)_2$、$Hg_2(NO_3)_2$ 溶液各 3 滴，然后再分别加入 5 滴 0.10 mol/L KI 溶液，观察沉淀的颜色，然后加入过量的 0.10 mol/L KI 溶液，观察沉淀是否溶解，写出相应的化学反应式。

4. 汞的硫氰配合物　向 3 滴 0.10 mol/L $Hg(NO_3)_2$ 溶液中加入 2 滴 0.10 mol/L KSCN 溶液，观察沉淀的生成，然后加入过量的 0.10 mol/L KSCN 溶液，观察沉淀的溶解，写出化学反应式。

5. 亚铜化合物

(1) 氧化亚铜：取一洁净试管，加入 5 滴 0.10 mol/L $CuSO_4$ 溶液，再逐滴加入 6.0 mol/L $NH_3·H_2O$ 溶液，边加边摇匀，至生成的沉淀恰好完全溶解，最后加入 5 滴 10% 的葡萄糖溶液，摇匀，80℃水浴加热，观察现象，写出化学反应式。

(2) 氯化亚铜：往试管中先加入少量 $CuCl_2$ 固体，再加入 2 mL 0.50 mol/L Na_2SO_3 溶液，充分震荡，观察现象，然后将混合液分装入 2 支离心试管中，离心分离，每份沉淀用 1 mL 去离子水洗涤，接着在一份沉淀中加入 6.0 mol/L 盐酸溶液，直至沉淀溶解，再加水稀释，至沉淀再次出现；往另一份沉淀中加入 2.0 mol/L $NH_3·H_2O$ 溶液，直至沉淀溶解，写出相应的化学反应式。

(3) 碘化亚铜：取 2 支离心试管，加入 10 滴 0.10 mol/L $CuSO_4$ 溶液和 1 mL 0.10 mol/L KI 溶液，充分混合后离心分离。取上清液，加入淀粉，观察溶液颜色的变化。每份沉淀用 1 mL 去离子水洗涤之后，进行下面的实验：一份沉淀中加入 2.0 mol/L KI 溶液，直至沉淀溶解，再加水稀释，至沉淀再次出现；往另一份沉淀中加入 2.0 mol/L KSCN 溶液，直至沉淀溶解，再加水稀释，至沉淀再次出现，写出相应的化学反应式。

6. 银镜反应　取一支洁净试管，加入 10 滴 0.10 mol/L $AgNO_3$ 溶液，再逐滴加入 2.0 mol/L $NH_3·H_2O$ 溶液，边加边摇匀，至生成的沉淀恰好完全溶解，最后加入 5 滴 10% 的葡萄糖溶液，摇匀，80℃水浴加热(加热时不要摇动试管)，观察银镜现象，写出化学反应式。

7. 鉴定

(1) Cu^{2+} 的鉴定：在盛有 5 滴 0.10 mol/L $CuSO_4$ 溶液的试管中加入 2 滴 0.10 mol/L $K_4[Fe(CN)_6]$ 溶液，观察红棕色沉淀的生成，写出化学反应式。

(2) Ag^+ 的鉴定：在 5 滴 0.10 mol/L $AgNO_3$ 溶液中加入 2 滴 2.0 mol/L 盐酸溶液，有白色沉淀析出，再滴加 2.0 mol/L $NH_3·H_2O$ 溶液至生成的沉淀溶解，最后滴加 2.0 mol/L HNO_3 溶液至白色沉淀又析出，写出对应的化学反应式。

(3) Zn^{2+} 的鉴定：往 5 滴 0.10 mol/L $ZnSO_4$ 溶液的试管中加入 2 滴 0.10 mol/L

K₄[Fe(CN)₆]溶液，观察白色沉淀的生成，写出化学反应式，再加入过量的 6.0 mol/L NaOH 溶液，观察沉淀的溶解，写出化学反应式。

(4) Cd^{2+} 的鉴定：在 2 滴 0.10 mol/L $CdSO_4$ 溶液中加入 1 滴 0.10 mol/L $(NH_4)_2S$ 溶液，观察鲜黄色沉淀的出现，再加入 2 滴 2.0 mol/L 盐酸溶液，沉淀不溶解，写出化学反应式。

(5) Hg^{2+} 的鉴定：往 5 滴 0.10 mol/L $Hg(NO_3)_2$ 溶液中，逐滴加入 5 滴 0.10 mol/L $SnCl_2$ 溶液，观察沉淀颜色的变化，写出化学反应式。

【注意事项】

1. 硝酸银具有较强的氧化性，在与有机物接触时，易被还原为黑色的金属银。它可使蛋白质凝固，对人体的皮肤有腐蚀作用。潮湿的硝酸银见光较易分解，所以应避光储存。

2. 镉进入人体后会引起骨骼变脆，使人感到骨骼疼痛，即得"骨痛病"，镉还会在人的肾脏、肝脏中积累，引起这些器官的病变。废水中的镉可以采用加碱或加可溶性硫化物使之形成沉淀除去。实验室的镉废水应倒入指定的废液杯中，切勿倒入水槽中。

3. 汞的最高允许排放浓度为 0.05 mg/L，对于含有汞的废水，必须进行严格处理，一般是使之生成的难溶的 HgS 沉淀，也可以采用离子交换法使废水中含量很低的汞离子被离子交换树脂交换出来。实验室的汞废水应倒入指定的废液杯中，切勿倒入水槽中。

4. 银镜反应的残余液不可久置，久置会析出易爆炸的氮化银 Ag_3N，因此，向实验后的溶液中加入少量盐酸，倒入回收瓶中。

【思考题与讨论】

1. 如何判断铜、银、锌、镉、汞的氢氧化物或氧化物的酸碱性？检验它们的碱性时可选用浓硝酸或浓硫酸吗？

2. 镉、汞废液可直接倒入水槽里吗？应如何进行处理？

3. 银镜反应的残留液为什么不能久置？尝试用不同的方法去除试管壁上的银镜。

4. 如何去除粘在离心试管底部的沉淀？

(李君君)

第四章 无机化合物的制备

实验十五 粗食盐的提纯和检验

【实验目的】

1. 了解提纯氯化钠的基本原理和方法。
2. 练习称量、溶解、沉淀、过滤、蒸发浓缩和结晶等基本操作。
3. 了解钾盐、钙盐、镁盐及硫酸盐的检验方法。

【实验原理】

粗食盐中主要含有不溶性杂质(如泥沙等)和可溶性杂质(主要为 Ca^{2+}、Mg^{2+}、K^+ 和 SO_4^{2-} 等)。不溶性杂质可用溶解和过滤的方法除去。去除方法基本如下：

(1) 机械杂质如泥砂可采取过滤法除去。

(2) 一些可溶性杂质，可根据其性质借助于化学方法除去。如在粗食盐中加入稍微过量的 $BaCl_2$ 溶液，可将 SO_4^{2-} 转化为难溶的 $BaSO_4$ 沉淀而除去：

$$Ba^{2+} + SO_4^{2-} =\!=\!= BaSO_4\downarrow$$

再加入 NaOH 和 Na_2CO_3 溶液，可使 Mg^{2+}、Ca^{2+} 以及沉淀 SO_4^{2-} 时加入的过量的 Ba^{2+} 转化为难溶的 $Mg(OH)_2$、$CaCO_3$、$BaCO_3$ 沉淀：

$$Mg^{2+} + 2OH^- =\!=\!= Mg(OH)_2\downarrow$$
$$Ca^{2+} + CO_3^{2-} =\!=\!= CaCO_3\downarrow$$
$$Ba^{2+} + CO_3^{2-} =\!=\!= BaCO_3\downarrow$$

生成的沉淀通过过滤的方法除去，过量的 NaOH 和 Na_2CO_3 可以用盐酸中和除去。

(3) 少量可溶性杂质(如 Br^-、I^-、K^+)由于含量很少，溶解度大，在最后的蒸发浓缩、结晶过程中仍留在母液中而与 NaCl 分离。

钾盐的限度检查是根据沉淀反应原理，利用样品管和标准管在相同条件下进行比浊实验，样品管不得比标准管更深。

【主要仪器和试剂、材料】

1. 仪器：电炉、台秤、烧杯、玻璃棒、量筒、布氏漏斗、吸滤瓶、蒸发皿、奈氏比色管。

2. 试剂：粗食盐、HCl(2.0mol/L)、NaOH(2.0mol/L)、Na_2CO_3(饱和溶液)、$BaCl_2$(25%)、$(NH_4)_2C_2O_4$(0.50mol/L)、镁试剂 I、四苯硼钠溶液、乙酸(3.0 mol/L)。

3. 材料：pH 试纸、滤纸。

【实验内容】

1. 粗食盐的提纯　操作步骤以流程图表示如下：

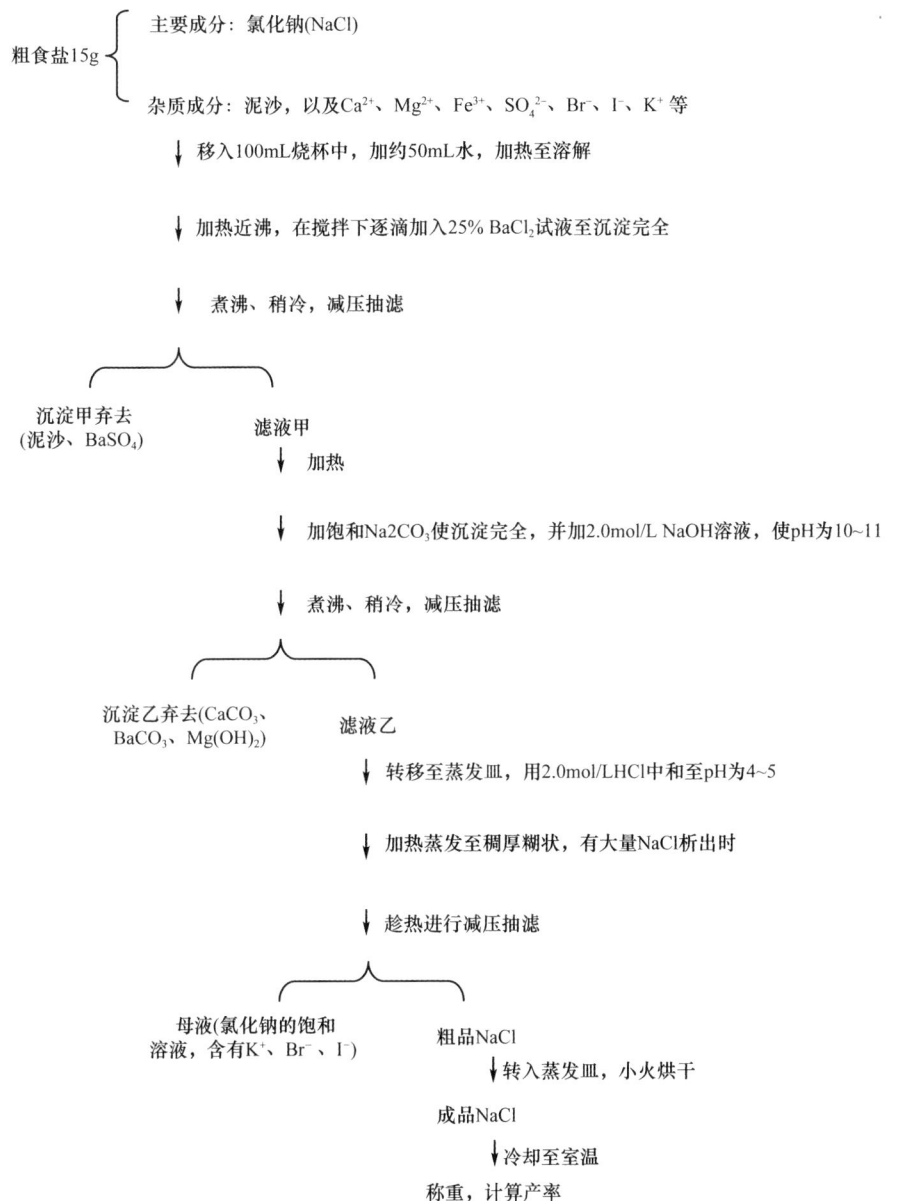

2. 产品纯度的检验

(1) 溶液的澄清度：取提纯后的精盐 5.0g，加蒸馏水 25mL，应溶解为无色澄清的溶液。该溶液可继续用于下一步钾盐的检验。

(2) 钾盐：把上一步溶液转移至奈氏比色管中，加 3.0 mol/L 乙酸 2 滴，加四苯硼钠溶液 2mL，加蒸馏水至刻度(50mL)，如显浑浊，与标准硫酸钾溶液 12.3mL

用同一方法制成的对照标准溶液比较，不得更浓(0.02%)。反应式为：

$$K^+ + B(C_6H_5)_4^- \longrightarrow KB(C_6H_5)_4 \downarrow (白色)$$

四苯硼钠溶液的配制 取四苯硼钠 1.5g 置乳钵中，加水 10mL 研磨后，再加水 40mL 研匀，用质密的滤纸过滤即得。

标准硫酸钾溶液的制备 精密称取硫酸钾 0.181g，置 1000mL 容量瓶中，加适量蒸馏水使之溶解并稀释至刻度，摇匀即得(每 1mL 相当于 81μg K)。

(3) SO_4^{2-}、Ca^{2+} 及 Mg^{2+} 的检验：取粗食盐和提纯后的精盐各 1.0g，分别用 5mL 蒸馏水溶解，然后各盛于三支试管中，组成三组，分别用于 SO_4^{2-}、Ca^{2+} 及 Mg^{2+} 杂质的对照检验。

1) SO_4^{2-} 的检验：在第一组溶液中各加入 2.0mol/L HCl 溶液 2 滴和 25% $BaCl_2$ 试液 2 滴，在提纯后的精盐溶液中应无白色 $BaSO_4$ 沉淀生成。

2) Ca^{2+} 的检验：在第二组溶液中各加入 0.50mol/L $(NH_4)_2C_2O_4$ 溶液 2 滴，振荡试管，在提纯后的精盐溶液中应无白色 CaC_2O_4 沉淀生成。

3) Mg^{2+} 的检验：在第三组溶液中各加入 2.0mol/L NaOH 溶液 2~3 滴使溶液呈弱碱性，再各加 2 滴镁试剂 I 溶液，振荡试管，在提纯后的精盐溶液中应无天蓝色沉淀生成。

【数据记录与结果处理】

粗食盐的质量：_____g

提纯后 NaCl 的质量：_____g

产率：_____%

【注意事项】

1. 检查沉淀是否完全，可吸取少量上层清液至试管中，加入 1~2 滴沉淀剂，如无浑浊生成，即表示已沉淀完全。

2. 镁试剂 I 是一种有机染料，在酸性溶液中呈黄色，在碱性溶液中呈红色或紫色，但被 $Mg(OH)_2$ 沉淀吸附后，则呈天蓝色。

3. 溶解粗食盐不可用太多水，以免给以后蒸发浓缩带来困难。

4. 在加沉淀剂过程中，溶液煮沸时间不宜过长，以免水分蒸发而使 NaCl 晶体析出。

5. 滴加 HCl 和 NaOH 溶液时，应一边滴加，一边用 pH 试纸测量 pH，以防过量。

6. 加热浓缩时，当大量 NaCl 晶体析出，应不断用玻璃棒搅拌以破坏表层薄膜，以免晶体外溅。

7. 浓缩时不可蒸发至干，应保留少量水分，除去 Br^-、I^-、K^+ 等离子，并在抽滤时尽量抽干水分。

【思考题与讨论】

1. 在浓缩过程中，能否把溶液蒸干？为什么？

2. 除去 Ca^{2+}、Mg^{2+} 和 SO_4^{2-} 离子的先后顺序是否可以倒置过来？如先除去 Ca^{2+} 和 Mg^{2+}，再除 SO_4^{2-}，有何不同？

3. 如何除去过量的沉淀剂 $BaCl_2$、NaOH 和 Na_2CO_3？

4. 检验 SO_4^{2-} 离子是否存在时，为什么要在试液中先加 HCl 溶液？

5. 在检查产品纯度时，能否用自来水溶解食盐？为什么？

(管小艳)

实验十六　微型实验Ⅰ(硫酸铜的提纯)

【实验目的】

1. 掌握用重结晶法提纯可溶性物质的原理。
2. 掌握溶解、搅拌、加热、过滤、蒸发、结晶、抽滤等基本化学操作。

【实验原理】

1. 在一定条件下，溶质从溶液中以晶体形式析出的过程称为结晶。溶液蒸发到一定浓度后冷却，当溶液的浓度达到饱和程度时，即析出晶体。晶体若不纯，一般可选择适当的溶剂，使粗制品溶解后，过滤或脱色以除去杂质，溶液经浓缩、冷却处理后，便有纯的晶体析出，滤去母液，洗涤晶体后致干，这种再结晶的操作称为重结晶。重结晶是纯化可溶性晶体化合物的重要方法之一。利用被提纯晶体及杂质于不同温度时的溶解度不同，以分离出杂质，从而达到纯化的目的。必要时需要重复多次方可以得到纯品。

2. 五水硫酸铜($CuSO_4 \cdot 5H_2O$)，俗称蓝矾、胆矾或铜矾，具有催吐、祛腐、解毒，治风痰壅塞、喉痹、癫痫、牙疳等功效。粗硫酸铜中含有不溶性杂质和可溶性杂质，其中可溶性杂质以 Fe^{3+}、Fe^{2+} 对硫酸铜的品质的影响较大，并且含量较高。提纯过程中可用氧化剂 H_2O_2 将 Fe^{2+} 氧化成 Fe^{3+}，然后调节溶液的 pH 至 4，使 Fe^{3+} 水解为 $Fe(OH)_3$ 沉淀，趁热过滤，以除去粗硫酸铜中的 Fe^{3+}、Fe^{2+}，其反应如下：

$$2Fe^{2+} + H_2O_2 + 2H^+ = 2Fe^{3+} + 2H_2O$$

$$Fe^{3+} + 3H_2O = Fe(OH)_3\downarrow + 3H^+ (pH=4)$$

将溶液的 pH 控制为 4，主要是因为溶液中的 Fe^{3+}、Fe^{2+}、Cu^{2+} 水解时均可生成氢氧化物沉淀[$Fe(OH)_2$、$Fe(OH)_3$、$Cu(OH)_2$]。根据沉淀理论，它们产生沉淀和完全沉淀所需要 pH 不同。当 pH=4 时，Fe^{2+}、Cu^{2+} 均不发生沉淀，而 Fe^{3+} 已完全沉淀。

将除去铁离子之后的滤液蒸发结晶，其他微量可溶性杂质在五水硫酸铜结晶时仍留在母液中，过滤后可与硫酸铜分离。通过多次重结晶可得到更纯的五水硫酸铜晶体。

【主要仪器和试剂、材料】

1. 仪器：电子天平、烧杯(100mL)、量筒(50mL)、铁圈、石棉网、玻璃漏斗、布氏漏斗、抽滤瓶、滤纸、pH 试纸、玻璃棒、酒精灯、铁架台、蒸发皿、比色管(10mL)。

2. 试剂：粗硫酸铜固体、(1.0mol/L 和 0.10mol/L)H_2SO_4、0.50 mol/L NaOH、3% H_2O_2、(6.0mol/L 和 2.0mol/L)氨水、2.0mol/L HCl、2.0mol/L KCNS。

【实验内容】

1. 称量和溶解　用电子天平精确称取 5g 研细的粗硫酸铜晶体于 100mL 烧杯中，加入 20mL 蒸馏水，置于石棉网上加热，并用玻璃棒搅拌，当硫酸铜完全溶解时，立即停止加热。

2. 沉淀和过滤　往溶液中加入 1mL 3% H_2O_2 溶液，加热，逐滴加入 0.50 mol/L NaOH 溶液直至 pH 为 4(用 pH 试纸检验)，再加热片刻，使红棕色 $Fe(OH)_3$ 沉降。用倾析法在普通漏斗上过滤，滤液过滤到洁净的蒸发皿中。

3. 蒸发和结晶　在滤液中加入 3~4 滴 1.0 mol/L H_2SO_4 使溶液酸化。然后将蒸发皿置于石棉网上加热、蒸发、浓缩(注意避免加热过猛，防止液体溅失)至溶液表面刚出现蓝色薄层结晶时，立即停止加热(注意不可蒸干)。冷却至室温后，将蒸发皿放在盛有冷水的烧杯上冷却，使 $CuSO_4·5H_2O$ 晶体析出。

4. 吸滤分离　将蒸发皿内 $CuSO_4·5H_2O$ 晶体全部移到预先铺上滤纸的布氏漏斗中，抽气过滤，尽量抽干，并用干净的玻璃棒轻轻挤压布氏漏斗上的晶体，尽可能除去晶体间夹带的母液。停止抽气过滤，取出晶体，置于两张滤纸之间，用手指在纸上轻压以吸干其中的母液，得到精硫酸铜晶体。用电子天平称量精硫酸铜，计算回收率。

$$硫酸铜回收率 = (精硫酸铜质量/粗硫酸铜质量) \times 100\%$$

5. 硫酸铜纯度的检验

(1) 称取 1g 提纯后的精硫酸铜于 100mL 小烧杯中，用 10mL 去离子水溶解。加入 1mL 稀硫酸酸化，再加入 3% H_2O_2 2mL，煮沸片刻，使 Fe^{2+} 氧化成 Fe^{3+}。

(2) 待溶液冷却后，边搅拌边逐滴加入 6mol/L 氨水(约 8mL)至最初生成的沉淀完全溶解为止，此时溶液呈深蓝色。

(3) 用普通漏斗过滤，并用滴管将 2.0mol/L 氨水滴到滤纸上，直到蓝色洗去为止，弃去滤液，$Fe(OH)_3$ 棕黄色沉淀留在滤纸上。

(4) 用滴管把 3.0mL 热的 2.0mol/L HCl 滴到滤纸上以溶解 $Fe(OH)_3$ 沉淀。如果一次不能完全溶解，可将滤液加热，再滴到滤纸上，将滤液收集于 10mL 比色管中。

(5) 在滤液中滴入 2 滴 2.0mol/L KCNS，观察血红色溶液产生情况。

(6) 称取 1g 粗硫酸铜于 100mL 小烧杯中，按上述方法处理，对比粗硫酸铜和提纯后的精硫酸铜的血红色溶液产生情况。

【注意事项】

1. 注意各步的 pH 控制。
2. 蒸发结晶时，必须小火加热，保持溶液微沸的状态，以利于溶液表面析出晶膜。
3. 结晶抽滤时，不可用水冲洗硫酸铜晶体；转移晶体时，可以用小块滤纸将残留在蒸发皿中的晶体刮下来，以保证回收率。

【思考题与讨论】

1. 溶解固体时加热和搅拌起什么作用？
2. 用重结晶法提纯硫酸铜，在蒸发滤液时，为什么加热不可过猛？为什么不可将滤液蒸干？
3. 抽滤操作中应注意哪些事项？
4. 除杂质铁时，为何要将 Fe^{2+} 氧化为 Fe^{3+}？最后为何将 pH 调至 4？偏高或偏低将分别产生什么影响？

(施伟梅)

实验十七　微型实验Ⅱ(硫酸亚铁铵的制备)

【实验目的】

1. 了解复盐的制备方法。
2. 掌握水浴加热、蒸发、浓缩、结晶和减压过滤等基本操作。
3. 学习用目测比色法检验产品质量的方法。

【实验原理】

铁能与稀硫酸反应生成硫酸亚铁：

$$Fe(s) + 2H^+(aq) = Fe^{2+}(aq) + H_2(g)$$

等物质的量的硫酸亚铁与硫酸铵在水溶液中相互作用，生成溶解度较小的复盐 $FeSO_4 \cdot (NH_4)_2SO_4 \cdot 6H_2O$：

$$FeSO_4(aq) + (NH_4)_2SO_4(aq) + 6H_2O(l) = FeSO_4 \cdot (NH_4)_2SO_4 \cdot 6H_2O(s)$$

所得产品为透明浅蓝色单斜晶体，又称莫尔盐，易溶于水，难溶于乙醇。它比一般亚铁盐稳定，在空气中不易被氧化。在定量分析中，常用硫酸亚铁铵来配制亚铁离子的标准溶液。

硫酸亚铁在中性溶液中能被溶于水中的少量氧气氧化，并进而与水作用，甚至析出棕黄色的碱式硫酸铁(或氢氧化铁)沉淀。如果溶液的酸性减弱，则亚铁盐(或铁盐)中的 Fe^{2+} 与水作用的程度将会增大。在制备 $FeSO_4 \cdot (NH_4)_2SO_4 \cdot 6H_2O$ 过程中，为了使 Fe^{2+} 不与水作用，溶液需要保持足够的酸度。

产品中的杂质 Fe^{3+} 的量可用目测比色法来测定，由于 Fe^{3+} 与 SCN^- 生成红色的物质$[Fe(SCN)_n]^{3-n}$，当红色较深时，表明产品中含 Fe^{3+}较多；当红色较浅时，表明产品中含 Fe^{3+}较少。因此，将所制得的硫酸亚铁铵晶体与 KSCN 溶液在比色管中配制成待测溶液，将它所呈现的红色与$[Fe(SCN)_n]^{3-n}$标准溶液色阶进行比较，根据红色深浅程度相仿情况，判断产品中杂质 Fe^{3+}的含量，依次可确定产品的等级(一、二、三级的 1g 硫酸亚铁铵的含限量分别为 0.05mg、0.10mg、0.20mg)。

【主要仪器和试剂、材料】

1. 仪器：台式天平、恒温水浴锅、循环水式真空泵、电炉、烧杯(100mL、500mL)、表面皿、石棉网、量筒(50mL)、布氏漏斗、试管、比色管(25mL)。

2. 试剂：铁屑、3.0 mol/L H_2SO_4、1.0mol/L HCl、2.0 mol/L NaOH、10% Na_2CO_3、1.0mol/L KSCN、0.50 mol/L $K_3[Fe(CN)_6]$、0.10 mol/L $BaCl_2$、95%乙醇、$(NH_4)_2SO_4(s)$、Fe^{3+}标准色阶。

3. 材料：pH 试纸，滤纸。

【实验内容】

1. 铁屑的净化(如用纯铁粉可省去此步) 用台秤称取 3 克碎铁屑，放入 100mL 烧杯中，加入 10% Na_2CO_3 溶液 20mL，电炉上加热煮沸约 10 分钟，以除去铁屑表面的油污。用倾析法倾去碱液，用去离子水把碎铁屑冲洗干净。

2. $FeSO_4$ 的制备 在盛有 3g 已处理过的碎铁屑的小烧杯中，加入 3.0 mol/L H_2SO_4 溶液 25mL，记下液面刻度位置后，于通风处水浴加热(水温控制在 70～80℃，注意控制反应速率，以防反应过快，反应液喷出)至不再有气泡放出(大约 40min)。反应过程中应适当补加些水，以保持原体积并防止 $FeSO_4$ 结晶。同时要控制溶液的 pH 不大于 1(为什么？如何测量和控制？)。

待反应速度明显减慢，趁热减压过滤。如果滤纸上有 $FeSO_4·7H_2O$ 晶体析出，可用热去离子水将晶体溶解，用 3.0 mol/L H_2SO_4 约 1 mL 洗涤未反应的铁屑和残渣，洗涤液合并至反应液中。过滤完后将滤液转移至干净的蒸发皿中。

3. $FeSO_4·(NH_4)_2SO_4·6H_2O$ 的制备 称取 7.2g$(NH_4)_2SO_4$ 固体加入上述制备的 $FeSO_4$ 溶液中(此时溶液的 pH 应接近于 1)，搅拌至$(NH_4)_2SO_4$完全溶解，水浴蒸发，浓缩至表面出现结晶薄膜为止(水温控制在 70～80℃，浓缩开始时可适当搅拌，后期不可搅拌)。缓慢冷却至室温，得硫酸亚铁铵晶体。减压过滤，用少量乙醇洗涤晶体两次，除去母液并尽量吸干。把晶体转移到表面皿上晾干片刻，观察晶体色态，称重，计算产率。

4. 产品纯度检验

(1) 自行设计方法证明产品含有 NH_4^+、Fe^{3+}、SO_4^{2-}。

(2) Fe^{3+}的限量检查：称 1.00g 产品，放入 25mL 比色管中，用少量不含氧的去离子水(将去离子水用小火煮沸 10min，以除所溶解的 O_2，盖好表面皿，待冷却后取用)溶解之。加入 3.0 mol/L H_2SO_4 溶液 1.00mL 和 1.0 mol/L KSCN 溶液

1.00mL，再加不含 O_2 的去离子水至刻度，摇匀，与标准溶液(由实验室提供)进行比色，检验产品的等级。

(3) 标准试样的制备：取含有下列数量的溶液 30mL：Ⅰ级试剂：含 Fe^{3+} 0.10mg；Ⅱ级试剂：含 Fe^{3+} 0.20mg；Ⅲ级试剂：含 Fe^{3+} 0.40mg。然后与产品用同样方法处理。

【数据记录与结果处理】

铁粉的质量_____ g
硫酸亚铁铵的理论产量_____ g
硫酸亚铁铵的实际产量_____ g
产率_____％
产品纯度级别_____

【注意事项】

1. 不必将所有铁屑溶解完，实验时溶解大部分铁屑即可。
2. 在制备 $FeSO_4$ 时，应用试纸测试溶液 pH，保持 pH≤1，以使铁屑与硫酸溶液的反应能不断进行。
3. 无论在铁与酸反应，还是在蒸发浓缩过程中，温度都不宜过高。否则有可能析出溶解度较小的 $FeSO_4 \cdot H_2O$ 白色晶体。
4. 酸溶时要注意分次补充少量水，以防止 $FeSO_4$ 析出。
5. 蒸发浓缩初期要不停搅拌，但要注意观察晶膜，一旦发现晶膜出现即停止搅拌。
6. 最后一次抽滤时，注意将滤饼压实，不能用蒸馏水或母液洗晶体。

【思考题与讨论】

1. 制备 $FeSO_4$ 时，是铁过量还是硫酸过量？为什么？
2. 实验中为什么要保持硫酸亚铁、硫酸亚铁铵溶液呈较强的酸性？
3. 分析产品中 Fe^{3+} 的含量，为什么要用不含氧的蒸馏水？如果水中含有氧气对分析的结果将有什么影响？

(何丽新)

实验十八　硝酸钾的制备、提纯和溶解度测定

【实验目的】

1. 学习利用各种易溶性盐在不同温度时溶解度的差别，来制备物质、分离杂质、提纯产品的原理和方法。
2. 进一步巩固溶解、减压过滤、结晶等操作。

3. 学习用重结晶法提纯物质的原理和方法。
4. 学习测定易溶性盐溶解度的方法。

【实验原理】

本实验采用转化法由 $NaNO_3$ 和 KCl 来制备硝酸钾，其反应如下：
$$NaNO_3 + KCl \rightleftharpoons KNO_3 + NaCl$$
该反应是可逆反应，因此可以改变反应条件使反应向正向进行。
参加反应的四种盐在不同温度水中的溶解度如表 4-18-1 所示。

表 4-18-1　KNO_3、KCl、$NaNO_3$ 和 NaCl 在纯水中的溶解度[g/(100g 水)]

温度/℃	0	20	40	60	80	100
KNO_3	13.3	31.6	63.9	110.0	169.0	246.0
KCl	27.6	34.0	40.0	45.5	51.5	56.7
$NaNO_3$	73.0	87.6	102.0	122.0	148.0	180.0
NaCl	35.7	36.0	36.6	37.3	38.4	39.8

由表 4-18-1 的数据可以看出，在常温(20℃)时，除 $NaNO_3$ 外，KCl、NaCl、KNO_3 的溶解度相差不大，因此不易使 KNO_3 单独结晶出来。但是随着温度的变化，NaCl 和 KNO_3 的溶解度差异较大。当温度升高时，NaCl 的溶解度随温度的变化不大，而 KNO_3 的溶解度却随着温度的升高迅速增大。因此，只要把 NaCl 和 KNO_3 按照一定比例混合并溶于水中，加热混合溶液至沸腾后蒸发浓缩，由于 KNO_3 的溶解度大，不易达饱和，不易析出结晶，而 NaCl 由于溶解度较小，随着溶剂水的减少会首先达到饱和而析出，此时趁热过滤将它除去。然后再将滤液冷至室温，利用 KNO_3 的溶解度随温度下降而急剧下降的性质，析出结晶。过滤可以得到含有少量 NaCl 等杂质的 KNO_3 粗品，再通过重结晶的方法得到较纯的 KNO_3 结晶。

产品中的杂质 NaCl 可以通过加入 $AgNO_3$ 溶液产生的白色沉淀 AgCl 来进行检验。

【主要仪器和试剂、材料】

1. 仪器：分析天平、台秤、烧杯(100mL、250mL)、量筒(100mL、10mL)、温度计、布氏漏斗、吸滤瓶、吸量管(2mL)、试管(10mL)、表面皿。
2. 试剂：$NaNO_3$(s)、KCl(s)、$AgNO_3$(0.10mol/L)、HNO_3(2.0mol/L)。
3. 材料：滤纸。

【实验内容】

1. KNO_3 的制备　在台秤上称取固体 $NaNO_3$ 20.0g 和固体 KCl 17.5g，放入 100mL 烧杯中，加入 35mL 蒸馏水，小火加热，搅拌使固体溶解。继续加热，并不断搅拌，使溶液蒸发，蒸至溶液的体积为原来的 2/3 时，有晶体析出(是什么晶体？)，停止加热。趁热减压过滤(过滤前可以预先将布氏漏斗在蒸气上或烘箱中预热)分离析出的晶体，滤液转入 100mL 烧杯中(操作要迅速，如果滤液在吸滤瓶中析出结晶，可水浴加热使之重新溶解再倒出)。继续小火加热，蒸至溶液的体积为原来的 2/3 时，停止加热，自然冷却至室温，有结晶析出(是什么晶体？)。注意不要骤冷，避免结晶过于细小。减压过滤，将晶体尽量抽干，将所得晶体置于表面皿中晾干后称重，计算粗产品的产率。

留取 0.5g 粗产品做纯度检验，其余全部用于提纯。

2. KNO_3 的提纯　以每 2g KNO_3 粗产品加 1mL 水的比例，将粗产品溶入一定量的蒸馏水中，小火加热，搅拌使固体溶解，待晶体全部溶解后停止加热。静置自然冷却至室温，待大量结晶析出后减压过滤，将晶体尽量抽干，将所得晶体置于表面皿中晾干后称重，计算重结晶产品的产率。

3. 产品纯度的检验　分别称取 KNO_3 粗产品和重结晶后的产品各 0.1g 于两支试管中，各加蒸馏水 2mL，使固体溶解。往溶液中分别加入 1 滴 2.0mol/L HNO_3 溶液酸化，再各加 0.10mol/L $AgNO_3$ 溶液 2 滴，观察白色沉淀的生成和溶液的浊度，并进行对比。

4. KNO_3 溶解度的测定　准确称取 KNO_3 提纯品 1.00g 放入一支干燥洁净的小试管中，用 2mL 吸量管加入蒸馏水 1.00mL，装上带有 100℃温度计的单孔软木塞，使温度计水银泡的位置尽量接近试管的底部。将小试管置于水浴中加热，加热时使试管内的液面略低于水浴的液面。轻轻摇动试管，将试管内固体全部溶解(注意：不要长时间加热溶解，以免试管内水分蒸发)。将试管从水浴中取出，自然冷却并轻轻地水平摇动试管，在黑色背景下仔细观察试管中晶体开始析出(或出现混浊)的温度，迅速记录温度。再次在水浴中加热溶解晶体和取出冷却观察析晶温度，进行记录。可以重复测定两至三次，取平均值为析晶温度结果。

再用吸量管往试管中加入蒸馏水 1.5mL，如前操作，测定另一饱和溶液的温度。再加水，每次加入 1.5mL，如此取得四个饱和溶液的析晶温度数据，按表 4-18-2 进行整理，计算溶解度并作数据处理。

表 4-18-2　KNO_3 在纯水中溶解度测定数据记录

编号	$W(KNO_3)$/g	$V(H_2O)$/mL	析晶温度/℃	S/(g/100gH_2O)
1				
2				
3				
4				

【数据记录与结果处理】

KNO_3 粗产品的质量：　　　　　　　粗产率：　　%
KNO_3 重结晶后产品的质量：　　　　产率：　　%
以温度为横坐标，KNO_3 的溶解度为纵坐标，绘制 KNO_3 的溶解度-温度曲线，

和 KNO_3 的标准溶解度-温度曲线进行比较,分析产生误差的原因。

【注意事项】

1. 本实验中为了提高 KNO_3 的产率,$NaNO_3$ 的用量需稍稍过量。

2. 加热蒸发 $NaNO_3$ 和 KCl 的混合溶液至原有体积的 2/3 时,注意观察溶液的体积。溶液体积过多或过少,都会给实验带来不良后果(为什么?)。同时加热时必须不停搅拌,否则析出的 $NaCl$ 晶体会导致暴沸。

3. 加热蒸发 KNO_3 溶液至原有体积的 2/3 时,也要注意控制好溶液的体积。溶液体积过多,室温时析出的 KNO_3 晶体量会减少,产率偏低;溶液体积过少,又会析出 $NaCl$ 晶体,产品的纯度会降低。

4. KNO_3 的晶体形状为针状,而 $NaCl$ 的晶体形状为细粒状。当溶液缓慢冷却时得到的 KNO_3 针状晶体较长,而若用冷水快速冷却溶液时,得到的 KNO_3 晶体较细小,注意其与 $NaCl$ 晶体的区别。

【思考题与讨论】

1. 制备 KNO_3 晶体时为什么要小火加热?为什么要趁热过滤除去 $NaCl$ 晶体?

2. 对 KNO_3 粗产品进行重结晶时,为什么要按照每 2g 粗产品加 1mL 水的比例进行溶解?

3. KNO_3 晶体中混有 KCl 和 $NaNO_3$ 时,应如何提纯?

(蒋 京)

实验十九　氯化铵的制备及药检

【实验目的】

1. 运用已学过的化学知识,自行制定制备氯化铵的实验方案,并制出产品。
2. 巩固实验室的一些基本操作,如称量、加热、浓缩、过滤(常压、减压等)。
3. 观察和验证盐类的溶解度与温度的关系。
4. 学会对氯化铵的药检方法。

【实验原理】

本实验利用氯化钠和硫酸铵反应来制备氯化铵:

$$2NaCl + (NH_4)_2SO_4 = Na_2SO_4 + 2NH_4Cl$$

根据它们的溶解度及其受温度的影响差别的原理,采取加热、蒸发、冷却等措施,使溶解晶体转化,从而达到分离的目的。表 4-19-1 列出了四种盐在不同温度下的溶解度。

表 4-19-1　NaCl、Na₂SO₄、(NH₄)SO₄、NH₄Cl 的溶解度[g/(100g 水)]

温度/℃	0	10	20	30	40	50	60	70	80	90	100
NaCl	35.7	35.8	36.0	36.2	36.5	36.8	37.3	37.6	38.1	38.6	39.2
Na₂SO₄	4.9	9.1	19.5	49.7	48.2	46.7	45.2	44.1	43.3	42.7	42.3
NH₄Cl	29.7	33.3	37.2	41.4	45.8	50.4	55.2	60.2	65.6	71.3	77.3
(NH₄)SO₄	70.6	73.0	75.4	78.0	81.0	84.8.	88.0	91.6	95.3	99.2	103.3

由表 4-19-1 可知，氯化铵、氯化钠、硫酸铵在水中的溶解度均随温度的升高而增加。不过，氯化钠的溶解度随温度的变化影响不大。硫酸铵的溶解度无论在低温还是高温都是最大的。硫酸钠的溶解度有一个转折点。十水硫酸钠的溶解度也是随温度升高而增加，但达到 32.4℃时脱水变成 Na_2SO_4。Na_2SO_4 的溶解度随温度的升高而减小。所以，只要把氯化钠、硫酸铵溶于水，加热蒸发，Na_2SO_4 就会结晶析出，趁热过滤，然后再将滤液冷却，NH_4Cl 晶体随温度下降逐渐析出，在 35℃左右抽滤，即得 NH_4Cl 产品。

【主要仪器和试剂、材料】

1. 仪器：烧杯、玻璃棒、布氏漏斗、滤纸、抽滤瓶、循环水泵、恒温水浴锅、酒精灯、红外干燥箱。

2. 试剂：NaC(s)、蒸馏水、$(NH_4)_2SO_4(s)$。

【实验内容】

1. 方案一：析出 Na_2SO_4 法(加热法)

(1) 称取 44.6 g NaCl，放入 250 mL 烧杯内，加入 60~70 mL 水。加热、搅拌使之溶解。

(2) 在 NaCl 溶液中加入 49.5 g$(NH_4)_2SO_4$，水浴加热、搅拌，使之溶解。在浓缩的过程中，有大量的 Na_2SO_4 结晶析出。当溶液减少到 140 mL 左右时，停止加热，并趁热抽滤。

(3) 将滤液迅速倒入一个 250 mL 的烧杯中，静置冷却，NH_4Cl 晶体逐渐析出，冷却至 35℃左右，抽滤。

(4) 把滤液重新置于水浴上加热蒸发，至有较多的 Na_2SO_4 晶体析出，抽滤。倾出滤液于小烧杯中，静置冷却至 35℃左右，抽滤。如此重复两次。

(5) 把三次所得的 NH_4Cl 晶体合并，一起称重，计算收率(将三次所得的副产品 Na_2SO_4 合并称重)。

(6) 产品的鉴定：取 1 g 产品，放于一干燥的试管中，加热。
　　　　NH_4Cl 杂质含量=(灼烧后 w_1-空试管 w_2)g/1.0g×100%。

2. 方案二：析出 $Na_2SO_4·10H_2O$ 法(冰冷法)

(1) 称取 23.0 g NaCl，放入 250 mL 烧杯内，加入约 90 mL 水,加热搅拌使之溶解。若有不溶物，则用漏斗分离。

(2) 在 NaCl 溶液中加入 26 g$(NH_4)_2SO_4$，水浴加热，搅拌，促使其溶解。

(3) 然后用冰冷却到 0～10℃，加入少量 $Na_2SO_4·10H_2O$ 作为晶种，并不断搅拌。至有大量 $Na_2SO_4·10H_2O$ 晶体析出，冷却至 35℃ 左右，抽滤。

(4) 把滤液转入蒸发皿中，水浴蒸发浓缩至有少量晶体析出，静置冷却，NH_4Cl 晶体逐渐析出，冷却至 35℃ 左右，抽滤。

(5) 把所得的 NH_4Cl 晶体称重，计算收率(将所得的副产品 $Na_2SO_4·10H_2O$ 也称重)。

3. 产品的药检

(1) 沉淀法检验氯离子：取少量氯化铵固体溶解于适量的蒸馏水后，滴加硝酸银溶液，观察现象。

(2) 气室法检验铵根离子：取少量氯化铵固体溶解在试管中，加入少量氢氧化钠，震荡，微热，将内部贴了湿润的石蕊试纸的表面皿迅速倒扣在试管口，观察现象。

【数据记录与结果处理】

称取 NaCl：　　　　　g
称取$(NH_4)_2SO_4$：　　　g
NH_4Cl 理论产量：　　　%
NH_4Cl 实际产量：　　　g
产率：　　　　　　　　%

【注意事项】

1. 用水溶解的溶质量较多时，溶液体积与水的体积不等。

2. 加热法：水量 60～80 mL 即可，浓缩时要提前做好标记，浓缩不能过度，以防 NaCl、$(NH_4)_2SO_4$ 析出，趁热抽滤时要预热仪器。多次浓缩分离$(NH_4)_2SO_4$ 与 NH_4Cl。

3. 冰冷法：水量 75～90 mL($Na_2SO_4·10H_2O$ 析出耗水)。冷却过程要不断剧烈搅拌，若形成过饱和溶液时还未能结晶的话，可加 $Na_2SO_4·10H_2O$ 作为晶种。

4. 以上两种方法中，冰冷法分离效果好，但速度慢。

5. 注意加热浓缩时要不断搅拌。

6. NH_4Cl 与副产品均回收。

【思考题与讨论】

1. 加热法制备 NH_4Cl 时为什么要重复抽滤三次？

2. 冰冷法制备 NH_4Cl 时，冷却过程中为什么要不断搅拌？

3. 计算 NH_4Cl 产率应该根据 NaCl 还是$(NH_4)_2SO_4$ 的用量？

4. 比较两种方法中哪种制备 NH_4Cl 的产率更高？为什么？

(赵　平)

实验二十　由锌焙砂制备硫酸锌及其含量的测定

【实验目的】

1. 了解从粗硫酸锌溶液中除去铁、铜、镍和镉等杂质的方法。
2. 进一步提高分离、纯化和制备无机物的基础实验技能。
3. 掌握 Zn 含量的分析方法及涉及的基本原理。

【实验原理】

1. 硫酸锌的制备　硫酸锌是合成锌钡白的主要原料之一。它是由锌精矿焙烧后的锌焙砂或其他含锌原料，经过酸浸、氧化、置换和再次氧化等化学反应，除去杂质后得到的。

本实验以锌焙砂为原料，其中除了 65%(质量分数)左右的 ZnO 外，还含有铁、铜、镉、砷、锑、镍等杂质。在用稀硫酸浸出过程中，锌的化合物和上述一些杂质都溶于溶液中，在微酸性条件下，用双氧水将 Fe^{2+} 氧化成 Fe^{3+}，其中 As^{3+} 和 Sb^{3+} 随同 Fe^{3+} 的水解而除去，Cu^{2+}、Cd^{2+} 和 Ni^{2+} 等杂质用锌粉置换法除去，将纯化后的溶液蒸发浓缩，制得硫酸锌晶体样品。

2. 产品中硫酸锌的含量测定　硫酸锌含量的测定方法一般有两种：一是采用重量法测定 SO_4^{2-} 的含量；二是采用容量法测定 Zn^{2+} 的含量。由于重量法操作繁琐，沉淀物需要陈化放置 24h，耗时长，受到实验学时课时的限制，所以本实验使用 EDTA 络合滴定容量法。

EDTA 的全称是乙二胺四乙酸，常用 H_4Y 表示。然而 EDTA 难溶于水，通常采用其二钠盐 Na_2H_2Y 来配制标准浓度的水溶液，习惯上称为 EDTA 标准溶液。EDTA 能与大多数金属离子快速形成 1∶1 的稳定螯合物，因此可以对多种金属离子进行滴定分析。本实验就是用 EDTA 滴定 Zn^{2+} 进行含量测定。

用 EDTA 标准溶液滴定 Zn^{2+}，选用二甲酚橙(简称 In)作为金属离子指示剂。滴定终点之前，亮黄色 In 与 Zn^{2+} 反应形成稳定的红色配合物 ZnIn，而 EDTA 与 Zn^{2+} 形成更稳定的无色螯合物。因此滴定终点时，In 便被 EDTA 从 ZnIn 中置换出来，指示剂恢复成原来的亮黄色，终点前后颜色变化明显。

由于 EDTA 与 Zn^{2+} 的反应过程中会不断放出 H^+，使溶液的 H^+ 浓度不断增加。H^+ 浓度的增加会影响终点的观察，同时会影响 EDTA 与 Zn^{2+} 的定量反应，因此用 HAc-NaAc 缓冲溶液来控制 pH 处于 5.5~6.0 的范围内。

【主要仪器和试剂、材料】

1. 仪器：分析天平、温度计、量筒(50 mL)、蒸发皿、酸式滴定管(50 mL)、滴定管夹、锥形瓶(250 mL)、恒温干燥箱、烧杯(100 mL，带刻度)。

2. 试剂：2.0 mol/L HNO_3、3.0 mol/L H_2SO_4、(2.0 mol/L，20%)HCl、2.0 mol/L $NH_3 \cdot H_2O$、0.1 mol/L $K_3[Fe(CN)_6]$、0.10 mol/L $K_4[Fe(CN)_6]$、0.10 mol/L KSCN、1.0

mol/L Na_2S、HAc-NaAc 缓冲溶液(pH = 6.0)、3% H_2O_2、1%丁二酮肟、二甲酚橙指示剂、0.10 mol/L EDTA 标准溶液、锌焙砂粉(固)、锌(固)、$NaBiO_3$(固)、$ZnSO_4·7H_2O$(固，分析纯)、ZnO(浆液)。

3. 材料：pH 试纸、滤纸。

【实验内容】

1. 由锌焙砂制备硫酸锌

(1) 浸出：称取 10.0 g 锌焙砂于 100 mL 带刻度的烧杯中，加入约 15.0 mL 水，再加入所需量的 H_2SO_4(3.0 mol/L)(比理论量多加 4.0 mL)，记录此时液面位置。加热反应 30~35 min，补加水。过滤分离出去不溶物(若无不溶物可以不用分离直接进入下一步，用 ZnO 调节溶液 pH 的操作)。

(2) 净化：加热上述溶液至沸腾，用少量 ZnO 浆液调节溶液的酸度到 pH 约 3.2，滴加 1~2 mL H_2O_2(3.0%)，取清液检验 Fe^{3+} 和 Mn^{2+} 除尽后，再加热溶液至沸腾数分钟，补加蒸馏水使溶液达约 80mL，抽滤。得到的溶液加热至 60~70 ℃，如果出现白色浑浊，滴加几滴 3.0mol/L H_2SO_4，然后加入少量锌粉，搅拌 7~8 分钟，取清液检验 Ni^{2+} 除尽后，再取几滴清液，滴到 0.5 mL 2.0 mol/L 到 HCl 溶液中，滴加 Na_2S 水溶液，若无黄色沉淀，抽滤除去残余的锌粉。

(3) 浓缩结晶：将滤液转入蒸发皿中，蒸发浓缩到出现晶膜时，冷却至室温，抽干，称量，计算产率。

(4) 产品中杂质的定性分析：取 1 g 产品溶于 5 mL 水中，分别定性检验 Fe^{2+}、Fe^{3+}、Cu^{2+}、Mn^{2+}、Ni^{2+}、Cd^{2+} 是否存在，说明产品的纯度。其余产品在室温下自然干燥。

2. 含量测定

(1) 产品中 $ZnSO_4·7H_2O$ 含量的测定：称取 0.6~0.8 g 分析纯 $ZnSO_4·7H_2O$ 试剂(精确至 0.0001 g)三份。加入 50mL 水溶解，加入 pH 为 6.0 的 HAc-NaAc 缓冲溶液 10.0 mL。然后加入 3 滴二甲酚橙指示剂，这时溶液呈现红色。用 EDTA 标准溶液(0.10 mol/L)滴定至溶液由红色变为亮黄色。

计算试剂 $ZnSO_4·7H_2O$ 的百分含量，与试剂瓶上含量进行对照，如果测定结果与试剂瓶上含量偏差在 0.5%之内，说明掌握了测试方法，可以进入下面的测定。对自己制备的 $ZnSO_4·7H_2O$ 产品质量进行检验，计算办法如下：

$$x = \frac{V_c \times 287.5}{m \times 1000} \times 100\%$$

式中，x 为硫酸锌的质量分数，%；V 为 EDTA 标准溶液的体积，mL；c 为 EDTA 标准溶液的浓度，mol/L；m 为样品质量，g；287.5 为 $ZnSO_4·7H_2O$ 的摩尔质量，g/mol。

(2) 自制产品中 $ZnSO_4·7H_2O$ 主含量的测定：称取 0.6~0.8 g 已经干燥的自制 $ZnSO_4·7H_2O$ 样品(精确至 0.0001g)三份，加入 50mL 水溶解，加入 pH 为 6.0 的

HAc-NaAc 缓冲溶液 10mL。然后加入 3 滴二甲酚橙指示剂，这时溶液呈现红色。用 EDTA 标准溶液(0.1mol/L)滴定至溶液由红色变为亮黄色，标定 3 次。

计算自制 $ZnSO_4·7H_2O$ 的百分含量(计算方法同上)，与 $ZnSO_4·7H_2O$ 试剂的含量进行对比，评估自制产品是分析纯、化学纯还是工业级纯度。

【注意事项】

1. 乙二胺四乙酸二钠盐也很难溶，所以应提前配置 EDTA 标准溶液。
2. $ZnSO_4·7H_2O$ 的质量标准(GB/T 666—2011)分析纯：≥99.5%；化学纯：≥92.0%；工业级：92%～99%。

【思考题与讨论】

1. 浸出步骤结束后为什么要补加水？
2. 净化过程中为什么用双氧水氧化残余的二价铁离子，而不用高锰酸钾？
3. 产品杂质的定性分析中，金属离子怎么用本实验所给的试剂来鉴定？

(赵力民)

实验二十一　利用废铁屑制备三氯化铁

【实验目的】

1. 了解三氯化铁的制备原理和制备方法。
2. 掌握水浴加热、过滤、蒸发浓缩、结晶等基本操作。

【实验原理】

三氯化铁($FeCl_3$)是黑棕色结晶，在空气中易潮解，吸水性强，可形成含有 2～6 个水分子的水合物，晶体常以 $FeCl_3·6H_2O$ 形式存在，呈橘黄色。三氯化铁的用途非常广泛，在有机合成中可用作催化剂和氧化剂；在医药上可用作外伤止血剂；在印刷电路中可作腐蚀剂；还可用作饮水和废水的处理剂，以及染料工业的氧化剂。

本实验先由铁屑与盐酸反应制备 $FeCl_2$ 溶液，然后加入氧化剂 H_2O_2 制备 $FeCl_3$ 溶液，浓缩后冷却结晶，制得 $FeCl_3$ 晶体。制备的反应式为：

$$Fe + 2HCl = FeCl_2 + H_2\uparrow$$
$$2FeCl_2 + H_2O_2 + 2HCl = 2FeCl_3 + 2H_2O$$

【主要仪器和试剂、材料】

1. 仪器：恒温水浴锅、蒸发皿、台秤、可控温电炉、抽滤瓶、布氏漏斗、量筒、烧杯、锥形瓶。
2. 试剂：铁屑、10% Na_2CO_3、10%铁氰化钾、6.0 mol/L HCl、30% H_2O_2、95%乙醇。

3. 材料：滤纸，广泛 pH 试纸。

【实验内容】

1. 铁屑的净化　称取 4g 铁屑，置于锥形瓶，加入 10% Na_2CO_3 溶液 20 mL，小火加热约 10 min，以除去铁屑上的油污，采用倾析法倒掉碱液，用蒸馏水洗干净铁屑。

2. 氯化亚铁的制备　往盛有干净铁屑的锥形瓶中，加入 6.0 mol/L HCl 35mL，在通风橱中水浴加热反应，水浴温度约 70℃。反应过程中应适当添加少量蒸馏水，以补充失水，当反应至基本无气泡冒出时，加入 6.0 mol/L HCl 1mL，趁热减压过滤，用少量热水洗涤未反应的残渣，滤液转移至干净的小烧杯中，收集滤纸和残渣，烘干后称重。

3. 三氯化铁的制备　往 $FeCl_2$ 溶液中加入 6.0 mol/L HCl 12mL，然后缓慢加入 30% H_2O_2 5 mL，氧化 Fe^{2+}(检验 Fe^{2+} 是否被完全氧化的方法：取少量试液于小试管，加入新配制的 10%铁氰化钾溶液，若产生蓝色沉淀，则还有 Fe^{2+} 未被氧化，应继续加入氧化剂)。反应后将溶液转移至蒸发皿中，加入少量 HCl，调节 pH<1，小火加热蒸发，直至溶液表面出现晶膜，自然冷却至室温，再用冰盐浴冷却，即可析出晶体。减压过滤，用少量乙醇洗涤晶体，自然晾干，称重。

【数据记录与结果处理】

1. 记录　产品外观。
2. 计算产率，利用实际参加反应的铁质量，计算出 $FeCl_3 \cdot 6H_2O$ 的理论产量，求出产率(%)。

【注意事项】

1. 铁屑与盐酸的反应会产生一些有毒气体，应在通风橱中进行。
2. 蒸发浓缩初期可搅拌溶液，但晶膜出现后应立即停止搅拌，以获得颗粒较大的晶体。
3. 用 H_2O_2 作氧化剂，由于其易分解，H_2O_2 应适当过量，加入时应缓慢加入，避免反应太剧烈。

【思考题与讨论】

1. 清洗铁屑的 Na_2CO_3 溶液若不除干净会有什么结果？
2. 在制备 $FeCl_2$ 和 $FeCl_3$ 时为什么溶液必须保持呈一定酸性？
3. 本实验中所用的氧化剂 H_2O_2 还可以用哪些来代替？

(李　容)

第五章 综合及设计型实验

实验二十二 尿液中常见无机离子的检测(pH、SO_4^{2-}、Cl^-、NO_2^-等)

【实验目的】

1. 了解常用干化学试带与 pH 试纸法测定尿液酸碱度的方法、原理及注意事项。
2. 掌握常见无机阴离子(SO_4^{2-}、Cl^-、NO_2^-)的检测方法。

【实验原理】

1. 试带法测定尿液酸碱度：干化学试带的测试模块区含有甲基红(pH 4.6～6.2)和溴麝香草酚蓝(pH 6.0～7.6)，变色范围为橙色(pH 4.5)—黄绿色(pH 7.0)—蓝色(pH 9.0)，可肉眼目测与标准色板比较来判断尿液酸碱度。

2. pH 试纸法测定尿液酸碱度：pH 广泛试纸是浸渍有多种指示剂混合液的试纸条，色泽范围为棕红至深黑色，与标准色板比较，肉眼可判断尿液 pH 的近似值。

3. SO_4^{2-} 可以与 Ba^{2+} 生成不溶于酸的 $BaSO_4$ 白色沉淀：

$$SO_4^{2-} + Ba^{2+} =\!=\!= BaSO_4$$

将尿液酸化，再滴加 $BaCl_2$ 试液，观察是否有白色沉淀生成，以此判断是否含有 SO_4^{2-}。

4. Cl^- 可以与 Ag^+ 生成不溶于酸的 AgCl 白色沉淀：

$$Cl^- + Ag^+ =\!=\!= AgCl$$

将尿液酸化，再滴加 $AgNO_3$ 试液，观察是否有白色沉淀生成，以此判断是否含有 Cl^-。

5. 尿液亚硝酸盐主要来自病原菌对硝酸盐的还原反应，其次来源于体内的一氧化氮(NO)。体液中内皮细胞、巨噬细胞、粒细胞等使精氨酸在酶的作用下生成 NO，而 NO 极易在体内有氧条件下氧化成亚硝酸盐和硝酸盐。

多数采用 Griess 法检测尿液中亚硝酸盐的存在，即在酸性条件下，亚硝酸盐与对氨基苯磺胺作用，形成重氮化合物，再与 *N*-1-萘基乙二胺产生桃红色重氮反应。

$$H_2N-\text{C}_6H_4-SO_3H + NO_2^- \xrightarrow{HCl} \text{ClN}_2-\text{C}_6H_4-SO_3H$$

$$\text{ClN}_2-\text{C}_6H_4-SO_3H + \text{naphthyl-NH-CH}_2\text{-CH}_2\text{-NH}_2 \xrightarrow{HCl} HO_3S-\text{C}_6H_4-N=N-\text{naphthyl-NH-CH}_2\text{-CH}_2\text{-NH}_2$$

【主要仪器和试剂、材料】

1. 仪器和材料：尿多联化试带与标准色板；广泛 pH 试纸及比色卡。

2. 试剂：新鲜尿液、6.0 mol/L HNO_3、0.10mol/L $BaCl_2$、0.10mol/L $AgNO_3$、对氨基苯磺胺、N-1-萘基乙二胺、2.0 mol/L 盐酸溶液。

【实验内容】

1. 尿液酸碱度的测定

(1) 方法一，试带法：将尿多联试带用尿液浸湿后与标准色板比色，1 分钟内读取 pH。

(2) 方法二，pH 试纸法：取出一条试纸将其一端浸入尿液约 0.5 s 取出，与标准色板比色读取 pH。

2. SO_4^{2-} 检测　在试管中取约 5 mL 尿液，滴加 1 滴盐酸溶液，继续滴加 $BaCl_2$ 溶液，观察是否有白色沉淀生成。

3. Cl^- 检测　在试管中取约 5 mL 尿液，滴加 1 滴硝酸溶液，继续滴加 $AgNO_3$ 溶液，观察是否有白色沉淀生成。

4. NO_2^- 检测　在试管中加入尿液 5 mL，滴加 0.4%对氨基苯磺酸约 1 mL，混匀，静置 3～5 min 后，滴加约 0.5 mL 0.2%盐酸萘乙二胺溶液，观察溶液是否变红。若为红色，则含有 NO_2^-；若不变色，则不含 NO_2^-。

【注意事项】

1. 尿多联试带应在干燥、避光处保存，注意保质期，定期内用标准质控液进行检测；按尿多联试带说明书操作，1 分钟内读取结果；尿液 pH 还可以作为其他检测项目的质控指标，若 pH<3 或 pH>9 均会影响其他检测结果。

2. 如果尿液标本溶血、黄疸、重度混浊，可取尿 20 mL 于小试管中，加入钨酸蛋白沉淀剂 180 mL，边加边摇，放置数分钟后离心，取尿于试管中，再进行阴离子检测。

【思考题与讨论】

1. 影响 pH 试纸法测定尿液酸碱度的因素有哪些？应如何控制？

2. 在检测离子存在时，为什么要用盐酸溶液酸化样品，而不使用硝酸溶液酸化？

(周昊霏)

实验二十三　矿物药鉴别(定性鉴别3种)

【实验目的】

1. 通过实验掌握矿物药理化鉴别的一般规律和方法。
2. 掌握部分常用矿物药理化鉴别的方法。

【实验原理】

鉴别不同种类矿物药的主要依据是矿物药的性质不同，这些性质取决于它们的化学成分和结晶构造。目前，矿物药的鉴别，一般采用的方法有性状鉴别、显微鉴别和理化鉴别。其中，理化鉴别就是利用矿物药中的某种或某类化学成分与某些化学试剂产生的特殊气味、颜色、沉淀或结晶等特征性反应，对矿物药进行定性鉴别的方法。化学成分应选择药物的专属性成分或有效成分作为鉴别特征，化学成分的提取要尽量选择最佳溶剂。所选的化学试剂要具有灵敏、选择性强和稳定性好等特点。

1. 朱砂　本品为硫化物类天然矿物辰砂的矿石，也有人工合成品。天然朱砂主要成分为硫化汞(HgS)，尚含少量锌、锑、镁、铁、磷、硅等元素，还有微量的砷及硒等。人工制品硫化汞含量可达99.9%以上。朱砂的理化鉴别依据主要是汞盐和硫酸盐的鉴别反应。

2. 滑石　本品为硅酸盐类滑石族滑石的矿物，俗称"硬滑石"。主要成分为含水硅酸镁[$Mg_3(Si_4O_{10})(OH)_2$]或[$3MgO·4SiO_2·H_2O$]，其中MgO 31.7%，SiO_2 63.5%，H_2O 4.8%，并常含有氧化铁、氧化铝等杂质。滑石的理化鉴别依据主要是硅酸盐和镁盐的鉴别反应。

3. 石膏　本品为硫酸盐类硬石膏族石膏的矿石，主要成分为含水硫酸钙($CaSO_4·2H_2O$)，含量不少于95.0%。石膏的理化鉴别依据主要是钙盐和硫酸盐的鉴别反应，以及结晶水的变化。

【主要仪器和试剂、材料】

1. 仪器　电子天平、电热套、酒精喷灯、酒精灯、试管、烧杯、量筒、铂坩埚、表面皿、玻璃漏斗、药匙、滴管、玻璃棒、滤纸、石蕊试纸、铂丝。

2. 试剂　盐酸、铜片、铁粉、硝酸、碘化钾试液、氢氧化钠试液、氯化铵溶液、氯化钡试液、石蕊试纸、氟化钙、氟化钠、硫酸、氢氟酸、镁试剂、铂丝、稀盐酸溶液、乙酸铅试液、乙酸铵试液。

3. 材料　朱砂，滑石，石膏。

【实验内容】

1. 朱砂的定性鉴别

(1) 取本品粉末,用盐酸湿润后,在光洁的铜片上摩擦,铜片表面显银白色光泽,加热烘烤后,银白色即消失。(汞盐反应)

(2) 将本品粉末与少许铁粉混合,置潘菲试管中,于酒精喷灯上加热,可见管壁上有汞珠或汞镜生成。

(3) 将本品粉末置闭口试管中加热,变成黑色的硫化汞,加碳酸钠共煮后,可见金属汞球生成。

(4) 取本品粉末 2g,加盐酸-硝酸(3:1)的混合溶液 2mL 使粉末溶解,蒸干,加水 2mL 使溶解,滤过,滤液显汞盐与硫酸盐的鉴别反应。具体操作为:将滤液分为两份。第一份加碘化钾试液,即生成猩红色沉淀,加入过量的碘化钾试液,沉淀溶解;再加氢氧化钠试液碱化,加铵盐即生成红棕色沉淀。第二份滴加氯化钡试液,即生成白色沉淀;分离,沉淀在盐酸或硝酸中均不溶解。

2. 滑石的定性鉴别

(1) 取本品粉末 10g,置烧杯中,加水 50mL,加热煮沸 30min,随时补充损失的水分,滤过,滤液用石蕊试纸检验,显中性反应。(酸碱度)

(2) 取本品粉末 0.2g,置铂坩埚中,加等量氟化钙或氟化钠粉末,搅拌,加硫酸 5mL,微热,立即将悬有 1 滴水的铂坩埚盖盖上,稍等片刻,取下铂坩埚盖,水滴出现白色浑浊。(提示有硅酸盐)

(3) 取本品粉末 0.5g,置烧杯中,加入盐酸溶液(4→10)10mL,盖上表面皿,加热至微沸,不时摇动烧杯,并保持微沸 40min,取下,用快速滤纸滤过,用水洗涤残渣 4~5 次。取残渣约 0.1g,置铂坩埚中,加入硫酸(1→2)10 滴和氢氟酸 5mL,加热至冒三氧化硫白烟时,取下冷却后,加水 10mL 使溶解,取该溶液 2 滴,加镁试剂(取对硝基偶氮间苯二酚 0.01g 溶于 4%氢氧化钠溶液 1000mL 中)1 滴,滴加氢氧化钠溶液(4→10)使成碱性,生成天蓝色沉淀。(提示含镁盐)

3. 石膏的定性鉴别

(1) 灼烧试验:取本品一小块约 2g,置具有小孔软木塞的试管内,灼烧,管壁有水生成,小块变为不透明体。

(2) 取铂丝,用盐酸湿润后,蘸取本品粉末,在无色火焰中燃烧,火焰即显砖红色。(提示有钙盐)

(3) 取本品粉末 0.2g,加稀盐酸溶液 10mL,加热使溶解,滴加乙酸铅试液,即生成白色沉淀;分离,沉淀在乙酸铵试液或氢氧化钠试液中溶解。(提示含硫酸盐)

(4) 取本品粉末约 2g,于 140℃烘 20 分钟,加水 1.5mL,搅拌,放置 5 分钟,呈黏结固体。(提示结晶水的变化)

【注意事项】

1. 朱砂在实验过程中置换出的金属汞是一种有毒物质,要注意防止汞中毒。应打开门窗,让空气充分流通。避免吸入金属汞蒸气,不要与皮肤直接接触。

2. 如有汞珠撒落,应及时撒上硫磺粉末,使之生成难挥发的硫化汞,从而消除汞污染的危害。

【思考题与讨论】

1. 根据实验现象,分析实验过程,写出各个化学反应方程式,以及鉴别结果。
2. 各实验中所选用的主要化学试剂是否最佳?还可以用哪些试剂代替?

(张丽萍)

实验二十四 磺基水杨酸铁(Ⅲ)配合物的制备及稳定常数的测定

【实验目的】

1. 了解用分光光度计法测定配合物组成和稳定常数的原理和方法。
2. 掌握分光光度计的使用。
3. 学习有关实验数据的处理方法。

【实验原理】

磺基水杨酸(结构式如下,简式为 H_3R)可以与 Fe^{3+} 形成稳定的配合物。配合物的组成随溶液 pH 的不同而改变。本实验测定 pH<2.5 时(用不与金属离子配位的高氯酸 $HClO_4$ 来控制 pH)形成的红褐色磺基水杨酸合铁(Ⅲ)配离子的组成及其稳定常数。

COOH
HO——〇——SO₃H

根据朗伯-比耳定律:

$$D=\varepsilon cl$$

可知,有色溶液对光的吸收程度(称吸光度 D)与溶液的浓度 c 和光穿过的液层厚度 l 的乘积成正比。ε 是吸光系数,当波长一定时,它是有色物质的特征常数。

由于溶液中的磺基水杨酸是无色的,Fe^{3+} 溶液的浓度很稀,也可以认为是无色的,只有磺基水杨酸铁配离子(MR_n)是有色的。因此,溶液的吸光度只与配离子的浓度成正比。通过对溶液吸光度的测定,可以求出该配离子的组成。

本实验用等摩尔系列法来测定。等摩尔系列法是用波长一定的单色光测定一系列组分变化溶液的吸光度(中心离子 M 和配体 R 的总物质的量保持不变,而 M 和 R 的摩尔分数连续变化)。在这一系列溶液中,有一些溶液的金属离子是过量的,而另一些溶液配体也是过量的,在这两部分溶液中,配离子的浓度都不可能达到最大值。只有当溶液中 M 和 R 的物质的量之比与配离子的组成一致时,配离子的浓度才能达到最大,此时配离子的吸光度也最大,溶液颜色最深。若以吸光度对配体的摩尔分数作图,则从图上吸光度最大处对应的摩尔分数,可以求得配位数 n,如图 5-24-1 所示。

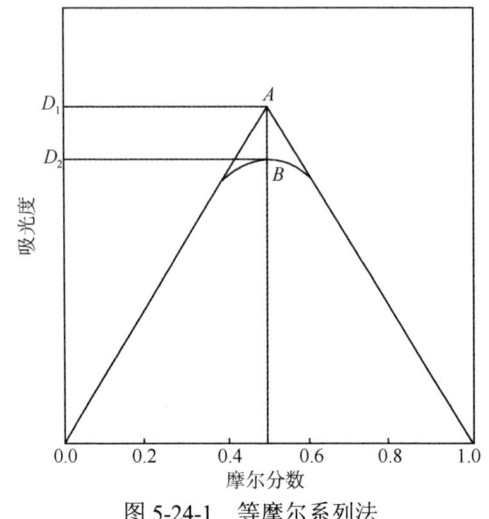

图 5-24-1　等摩尔系列法

$$\frac{\text{配位体物质的量}}{\text{总物质的量}} = \frac{\text{中心离心离子物质}}{\text{总物质的量}} = 0.05$$

$$n = \frac{\text{配位体物质的量}}{\text{中心离子物质的量}} = 1$$

由此可知,该配合物的组成为 1∶1 型,即 $n=1$。由图可以看出,吸光度最大处 A 点被认为是中心离子 Fe^{3+} 与配体 H_3R 全部配位时的理论吸光度,其值为 D_1。由于配离子有部分解离,所以实验测得的吸光度最大处 B 点对应的 D_2 要稍小一些。因此,配离子的离解度 α 可表示为

$$A = \frac{D_1 - D_2}{D_1}$$

再根据 1∶1 组成配合物的关系式即可导出配合物的稳定常数 $K_{稳}$。

$$M + R \rightleftharpoons MR$$

平衡浓度　　　　　　　　　　$c\alpha$　$c\alpha$　$c-c\alpha$

$$K_{稳} = \frac{[MR]}{[M][R]} = \frac{1-\alpha}{c\alpha^2}$$

式中,c 是对应 A 点的金属离子浓度。

【主要仪器和试剂、材料】

1. 仪器　721 型分光光度计、烧杯、容量瓶(100 mL)、吸管(10 mL 带刻度)、锥形瓶。

2. 试剂　0.01 mol/L HCl、0.01 mol/L 磺基水杨酸、0.01 mol/L Fe^{3+}、0.01 mol/L $HClO_4$。

【实验内容】

1. 配制系列溶液

(1) 配制 0.0010 mol/L Fe^{3+} 溶液：精确吸取 10.0 mL 浓度为 0.0100 mol/L Fe^{3+} 溶液，注入 100 mL 容量瓶中，用 0.01 mol/L $HClO_4$ 溶液稀释至刻度，摇匀备用。用相同方法配制 0.0010 mol/L 磺基水杨酸溶液。

(2) 用三支 10 mL 刻度吸管按下表列出的体积分数，分别吸取 0.01 mL 浓度为 0.01 mol/L 的 $HClO_4$ 溶液、浓度为 0.0010 mol/L 的 Fe^{3+} 溶液和浓度为 0.0010 mol/L 的磺基水杨酸溶液，注入 11 支 50 mL 锥形瓶中，摇匀。

2. 测定系列溶液的吸光度　用721 型分光光度计(选择波长为500 nm 的光源)测系列溶液的吸光度。将测得的数据记表 5-24-1 中。

表 5-24-1　实验数据的记录与处理

序号	$HClO_4$溶液的体积/mL	Fe^{3+}溶液的体积/mL	磺基水杨酸溶液的体积/mL	磺基水杨酸的摩尔分数	吸光度
1	10.0	10.0	0.0		
2	10.0	9.0	1.0		
3	10.0	8.0	2.0		
4	10.0	7.0	3.0		
5	10.0	6.0	4.0		
6	10.0	5.0	5.0		
7	10.0	4.0	6.0		
8	10.0	3.0	7.0		
9	10.0	2.0	8.0		
10	10.0	1.0	9.0		
11	10.0	0.0	10.0		

以吸光度为纵坐标、磺基水杨酸的摩尔分数为横坐标作图，从图中找出最大吸收峰，求出配合物的组成和稳定常数。

【注意事项】

1. 拿比色皿时，要用手捏住两侧的磨砂面。严禁用手接触透光面，以防止粘上油污或磨损，影响透光度。

2. 比色皿装样前要用自来水冲洗 2~3 次，再用蒸馏水冲洗 2~3 次。为确保待测液浓度不变，还要用被测液洗 2~3 次。比色皿内盛放的溶液不能超过其高度的 4/5。粘在比色皿外壁上的溶液先用滤纸轻轻吸干，然后再用镜头纸擦干净。

3. 测定结束后，比色皿应用自来水冲洗 2~3 次，再用蒸馏水冲洗 2~3 次，并将外面的水擦干，倒置晾干后放入比色皿盒内。

【思考题与讨论】

1. 使用分光光度计时，操作中需要注意些什么？
2. 本实验测定配合物的组成及稳定常数的原理是什么？
3. 本实验为什么选用 500nm 波长的光源来测定溶液的吸光度？
4. 什么情况下，才可以使用等摩尔连续变化法测定配合物的组成？

(姚华刚)

实验二十五　高锰酸钾的制备和含量测定

【实验目的】

1. 学习碱熔法制备高锰酸钾的原理和方法。
2. 掌握浸取、蒸发、结晶、过滤的基本操作。
3. 掌握氧化还原滴定法测定高锰酸钾含量的原理和方法。

【实验原理】

1. 制备原理　高锰酸钾($KMnO_4$, M_r = 158.03)是一种暗紫色细长斜方柱状晶体，可广泛用作氧化剂、防腐剂、消毒剂、水处理剂等。高锰酸钾具有强氧化性，受 pH 影响很大，在酸性溶液中氧化能力最强，会缓慢分解成二氧化锰和氧气，光对这种分解有催化作用，故在实验室里常存放于棕色瓶中。目前，高锰酸钾主要以软锰矿粉(主要成分是 MnO_2)和 KOH 为原料，通过如下两步反应进行制备：

第一步是 MnO_2 在空气中或混合 $KClO_3$(提供氧气)与 KOH 共熔，使其被氧化为绿色的 K_2MnO_4：

$$3MnO_2 + KClO_3 + 6KOH \xrightarrow{熔融} 3K_2MnO_4 + 3H_2O + KCl$$

第二步是由 K_2MnO_4 制备 $KMnO_4$，常见的方法有电解法和碳化法。电解法是将碱性的 K_2MnO_4 溶液与氧化剂进行电解得到 $KMnO_4$。碳化法可以通过加酸或通入 CO_2 气体降低溶液的 pH，使 MnO_4^{2-} 歧化为 MnO_4^-，从而制得 $KMnO_4$。电解法产率较高，工业上常用，但电极材料较昂贵，电解耗时长，因此不适合学生实验。

本实验主要采用碳化法制备 $KMnO_4$。原理如下：

在酸性、中性、弱碱性介质中，锰酸钾发生歧化反应，生成高锰酸钾：

$$3K_2MnO_4(aq) + 2CO_2(g) \rightleftharpoons 2KMnO_4(aq) + MnO_2(s) + 2K_2CO_3(aq)$$

K_2MnO_4 在强碱条件下才能稳定存在，其熔块由水浸取后，溶液的碱性降低，不稳定,将会发生歧化反应。一般在中性或弱碱性介质中,歧化反应的趋势较小,反应较慢。但在弱酸性介质中,MnO_4^{2-} 易发生歧化反应,生成 $KMnO_4$ 和 MnO_2。

将 $KMnO_4$ 和 MnO_2 混合溶液进行减压过滤,可得到高锰酸钾溶液,经蒸发、浓缩、结晶后得到暗紫色的高锰酸钾针状晶体。

2. 测定原理 $KMnO_4$ 的含量测定可采用氧化还原滴定法。在强酸性条件下,将一定量的 $KMnO_4$ 溶液用 $Na_2C_2O_4$(M_r = 134.00)标准溶液进行滴定,反应如下:

$$5C_2O_4^{2-}(aq) + 2MnO_4^-(aq) + 16H_3O^+(aq) = 2Mn^{2+}(aq) + 10CO_2(g) + 24H_2O$$

反应在开始时较慢,但随着溶液中 Mn^{2+}(Mn^{2+} 是反应的催化剂,因来自产物,所以称为自催化剂)的生成,反应速率逐渐加快。当紫红色的 $KMnO_4$ 滴加到酸性的 $Na_2C_2O_4$ 溶液中时,由于发生氧化还原反应,紫红色将褪去,直到反应完全,此时再加入一滴过量的 $KMnO_4$ 将使溶液显淡红色(即为滴定终点)。根据滴定消耗的 $KMnO_4$ 体积和相应物质的量,可计算出 $KMnO_4$ 溶液的准确浓度及其在样品中的含量。

【主要仪器和试剂、材料】

1. 仪器 万分之一分析天平,分析天平(精度 0.1 mg),铁坩埚,铁棒,坩埚钳,泥三角,分液漏斗,真空泵,抽滤瓶,玻璃砂芯漏斗,蒸发皿,表面皿,酸式滴定管(25 mL)或聚四氟乙烯酸碱两用滴定管(25 mL),容量瓶(100 mL × 2),锥形瓶(250 mL × 3),烧杯(250 mL),移液管(20 mL),量筒(10 mL),洗瓶,吸耳球,称量瓶,电陶炉,玻璃棒,滴管。

2. 试剂与材料 $KClO_3$(固体,CP),KOH(固体,CP),MnO_2(固体,工业),$CaCO_3$(固体,CP),$Na_2C_2O_4$(固体,AR),6 mol/L H_2SO_4 溶液,盐酸(工业),pH 试纸。

【实验内容】

1. $KMnO_4$ 的制备

(1) MnO_2 的熔融与氧化:称取 2.5 g $KClO_3$ 固体和 5.2 g KOH 固体,放在铁坩埚中,用铁棒混合均匀。将铁坩埚放置于泥三角上,用坩埚钳把铁坩埚夹紧,小火加热,边加热边用铁棒搅拌,尽量不使混合物飞溅。待混合物处于熔融状态后,将 3 g MnO_2 固体分多次缓慢地加入铁坩埚中,快速搅拌均匀。随着 MnO_2 的加入,熔融体的黏度逐渐增大,此时应加大力度搅拌,以防结块或沾在铁坩埚壁上。待反应物干涸后,提高温度,强热 5 min,得到墨绿色的锰酸钾熔融物。

(2) 浸取:待熔融物冷却后,用铁棒尽量捣碎成粉末状,将铁坩埚及锰酸钾浸入盛有 100 mL 蒸馏水的 250 mL 烧杯中,小火共煮片刻,直至熔融物全部溶解为止,取出坩埚,撤离火源,得热的 K_2MnO_4 绿色溶液。

(3) K_2MnO_4 的歧化:趁热在 K_2MnO_4 溶液中通入 CO_2 气体(CO_2 的制备见下文),直到 K_2MnO_4 完全歧化为 $KMnO_4$ 和 MnO_2 为止(可用玻璃棒沾一些溶液在滤纸上,如果滤纸上的液滴浸染从里到外都是紫红色而无绿色痕迹,即可判断 K_2MnO_4 已完全歧化,此时溶液 pH 在 11~12)。停止通气,然后用玻璃砂芯漏斗减压过滤,弃去 MnO_2,滤液转入蒸发皿中。

CO_2 的制备:用分液漏斗和抽滤瓶制备 CO_2,如图 5-25-1 所示,安装好装置,检查气密性,在抽滤瓶内加入约 30 g 的 $CaCO_3$,在分液漏斗中加入盐酸溶液约 30 mL,打开分液漏斗旋塞,逐滴加入盐酸溶液,即可产生 CO_2 气体。

(4) 滤液的蒸发结晶:水浴加热,蒸发浓缩至溶液表面析出晶膜,冷却至室温,以充分析出晶体,用玻璃砂芯漏斗减压抽滤,将 $KMnO_4$ 晶体抽干。将晶体转移到表面皿中,放入 80℃烘箱中(不能高于 240℃)干燥 0.5 h,冷却后,称重,计算产率。

2. $KMnO_4$ 含量的测定

(1) $KMnO_4$ 溶液的配制:精确称取 0.9~1.0 g(精确至 ± 0.0001 g)制备得到的 $KMnO_4$ 产品于烧杯中,加少量煮沸过的蒸馏水溶解后,全部转移至 100 mL 容量瓶内,加蒸馏水稀释至刻度,摇匀。

(2) $Na_2C_2O_4$ 标准溶液的配制:精确称取 105 ℃干燥后的 $Na_2C_2O_4$ 一级标准物质 0.13~0.14 g(精确至± 0.0001 g),用少量蒸馏水溶解,全部转移至 100 mL 容量瓶,加蒸馏水稀释至刻度,摇匀。

(3) $KMnO_4$ 溶液的浓度测定:用 5 mL $KMnO_4$ 溶液润洗已洗净的 25 mL 酸式滴定管或聚四氟乙烯酸碱两用滴定管 2~3 次,然后装入 $KMnO_4$ 溶液,调整液面高度至"0"刻度。用 20 mL 移液管准确移取 20.00 mL 标准 $Na_2C_2O_4$

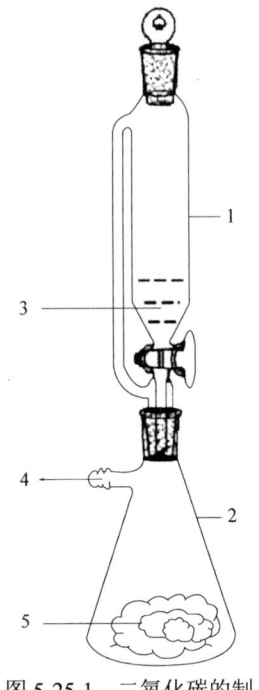

图 5-25-1 二氧化碳的制备装置
1. 分液漏斗;2.抽滤瓶;3.盐酸;
4. CO_2; 5. $CaCO_3$

溶液于 250 mL 锥形瓶内,再加 3 mol/L H_2SO_4 5 mL,混合均匀后,水浴加热至 70~85 ℃,趁热用 $KMnO_4$ 溶液进行滴定。滴定开始时,由于反应速率较慢,$KMnO_4$ 溶液应缓慢加入,待第 1 滴 $KMnO_4$ 溶液退色后,再继续滴加。随着反应的进行,反应产物 Mn^{2+} 成为自催化剂,滴定速率可稍加快,接近中点时再次逐滴加入,直至溶液呈微红色,且在 30 s 内不褪色即达到滴定终点。平行测定三次,按下式计算 $KMnO_4$ 溶液百分含量。

3. $KMnO_4$ 含量的计算

$$\omega_{KMnO_4} = \frac{2 \times m_{Na_2C_2O_4} \times M_{KMnO_4} \times V_{Na_2C_2O_4(滴定)} \times V_{Na_2C_2O_4(配制)}}{5 \times m_{总} \times M_{Na_2C_2O_4} \times V_{KMnO_4(滴定)} \times V_{Na_2C_2O_4(配制)}} \times 100\%$$

【数据记录与结果处理】

记录如下内容(表 5-25-1、表 5-25-2)。

日期：　　　　温度：　　　　相对湿度

表 5-25-1　$KMnO_4$ 的制备

试剂	试剂加入量	实验现象
$m(KClO_3)$/ g		
$m(KOH)$/ g		
$m(MnO_2)$/ g		
CO_2		
$m(KMnO_4$ 产品$)$/ g		
产率 / %		

表 5-25-2　$KMnO_4$ 溶液的含量测定

实验编号	1	2	3
滴定终点颜色变化			
$m_{总}(Na_2C_2O_4)$/ g			
$V(Na_2C_2O_4)$/ mL			
$V_{初}(KMnO_4)$/ mL			
$V_{末}(KMnO_4)$/ mL			
$\Delta V(KMnO_4)$/ mL			
$c(KMnO_4)$/(mol/L)			
$C_{平均}(KMnO_4)$/(mol/L)			
相对平均偏差 / %			
$M_{产}(KMnO_4)$/ g			
$\omega(KMnO_4)$/ %			

【注意事项】

1. 在实验过程中，由于使用加热仪器，应小心操作，注意安全，以防烫伤。

2. 加入 MnO_2 时，应分多次加入，时间间隔要短，小火加热，并不断搅拌，防止熔融物飞溅。

3. 由 MnO_2 制备 K_2MnO_4 时，要用铁坩埚和铁棒；K_2MnO_4 歧化为 MnO_2 和 $KMnO_4$ 时，要用玻璃棒，且注意把握 CO_2 的通气量，既要保证歧化完全，又要保证 CO_2 不能过量。

4. 蒸发浓缩时，浓缩至表面出现晶膜即可，不可完全蒸干。

5. 测定 $KMnO_4$ 的含量时，注意将溶液的温度控制在 70～85℃，开始滴定速度不能太快，在滴定第 1 滴时，待溶液颜色褪去，再继续滴，速度可适当加快。

【思考题与讨论】

1. 在碱熔法制备 K_2MnO_4 时，要用铁坩埚和铁棒，而在用 K_2MnO_4 制备 $KMnO_4$

时，要用玻璃棒，为什么？

2. 实验过程中，通入 CO_2 可以使 K_2MnO_4 歧化为 MnO_2 和 $KMnO_4$，能否使用乙酸或者盐酸代替？如何判断 CO_2 通入量是否足量，为什么不能过量？

3. 在高锰酸钾含量测定的过程中，滴定开始时紫色褪去很慢，后来滴定紫色褪去变快，为什么？

(黄　静)

实验二十六　药用植物体中某些元素的鉴定(Ca、Mg、Al、Fe 等)

【实验目的】

1. 熟悉测定植物体中 Ca、Mg、Al、Fe 等的基本方法。
2. 学习有关植物样品的灰化处理。
3. 了解植物体中 Ca、Fe 的含量。
4. 通过设计实验方案，培养分析问题、解决问题的能力。

【实验原理】

药用植物防治疾病的物质基础是其所含的活性成分，主要是指糖类、生物碱类、苷类、挥发油类等有机化学成分。植物中的无机矿物质元素常以盐的形式存在，有些是人体所必需的，如 Na、K、Ca、Mg、Fe、Cu、Zn 等，它们在正常的生理功能过程中起着极其重要的作用；而有的元素，如 Pb、Cd、Hg 和 As 等，哪怕是微量的存在，也可能对人体造成潜在的损害。因此，有必要了解药用植物中无机成分的存在和含量。本实验把茶叶或其他药用植物烘干、灰化，并经过一系列化学处理，即可从中分离和鉴定某些无机矿物质元素。

1. Mg、Al、Fe 的定性反应

(1) Mg^{2+} 与 OH^- 生成的 $Mg(OH)_2$ 沉淀，能够吸附镁试剂(对硝基苯偶氮间苯二酚)，变成天蓝色。

$$Mg^{2+} + OH^- + 镁试剂 \longrightarrow 天蓝色沉淀$$

(2) Al^{3+} 与铝试剂(金黄色素三羧酸铵)在微酸性溶液中反应，生成红色螯合物。加氨水后，得到红色絮状沉淀。

$$Al^{3+} + NH_3 \cdot H_2O + 铝试剂 \longrightarrow 红色絮状沉淀$$

(3) Fe^{3+} 与黄血盐在酸性介质中反应，生成深蓝色沉淀。

$$Fe^{3+}(aq) + K^+(aq) + [Fe(CN)_6]^{4-}(aq) \longrightarrow KFe[Fe(CN)_6](s)$$

2. Ca 和 Fe 的定量测定

(1) Ca^{2+} 能与 EDTA 生成螯合物，采用配位滴定方法测定 Ca 的含量。

(2) Fe^{2+} 能与邻菲咯啉生成橙红色螯合物，可采用分光光度法测定 Fe 的含量。

【主要仪器和试剂、材料】

1. 仪器　分光光度计、分析天平、容量瓶、酸式滴定管、坩埚、移液管、漏斗。

2. 试剂　6.0mol/L NaOH、3.0mol/L HCl、6.0mol/L $NH_3·H_2O$、镁试剂、铝试剂、$K_4[Fe(CN)_6]$、EDTA 二钠盐、铬黑 T 指示剂、三乙醇胺(25%)、盐酸羟胺(1%)、邻菲咯啉、$NH_3·H_2O$-NH_4Cl 缓冲溶液(pH = 10)、HAc-NaAc 缓冲溶液(pH = 4.6)。

【实验内容】

1. 茶叶的灰化处理　取茶叶 5 g 置于表面皿中，在 100～105℃干燥至恒重，然后用研钵磨成粉末状。准确称取 4 g 左右供试品置于坩埚中，缓慢炽热，避免燃烧，使供试品中的有机成分充分氧化分解。逐渐升高温度至 500～600℃，使之完全灰化。待灰分冷却后，转移到烧杯中，用 3 mol/L HCl 浸泡、提取、过滤，最后将滤液定容至 100 mL 备用。

2. 鉴定样品中的 Mg、Al、Fe　取适量的样品溶液分别置于 3 只试管中。在①号试管中滴加镁试剂，再加入 6.0 mol/L NaOH 溶液，观察现象；②号试管滴加 1%铝试剂，再用 6.0 mol/L $NH_3·H_2O$ 调 pH，观察现象；③号试管滴加 $K_4[Fe(CN)_6]$ 溶液，观察现象。

3. 测定样品中 Ca 的含量　准确移取适量样品溶液于 250 mL 锥形瓶中，加蒸馏水稀释，用三乙醇胺作掩蔽剂，用 $NH_3·H_2O$-NH_4Cl 缓冲溶液调节 pH = 10。加入少许铬黑 T 指示剂，用 EDTA 标准溶液滴定至终点(紫红色变蓝色)，根据所耗 EDTA 的物质的量计算被测样品中 Ca 的含量，并换算出茶叶中 Ca 的含量。

4. 测定样品中 Fe 的含量　准确移取适量样品溶液，依次加入盐酸羟胺、HAc-NaAc 缓冲溶液、邻菲咯啉，用容量瓶定容，摇匀，静止 10 分钟。用样品溶液为参比溶液，采用分光光度法测定邻菲咯啉亚铁的吸光度。利用事先确定的标准曲线计算被测样品中 Fe 的浓度，并换算出茶叶中 Fe 的含量。

【注意事项】

1. 分析实验步骤中离子之间的干扰，选择去除干扰的方法，确定合适的实验条件。
2. 样品灰化时，避免燃烧，防止样品损失。
3. 鉴定样品中的 Mg^{2+}、Al^{3+}、Fe^{3+} 时，调节合适的 pH。
4. 测定样品中 Ca^{2+} 含量时，避免 Mg^{2+} 的干扰。
5. 测定样品中 Fe 含量时，避免 Al^{3+} 的干扰。

【思考题与讨论】

1. 测定样品中 Ca 的含量时，为什么加入三乙醇胺？

2. 测定样品中 Fe 的含量时，为什么加入盐酸羟胺？
3. 通过调节溶液的 pH，能否将 Ca^{2+}、Mg^{2+}、Al^{3+}、Fe^{3+} 等分离完全？
4. 如何检测茶叶中是否存在 Pb、As 等对人体有害的重金属？

（苟宝迪）

实验二十七　四苯基卟啉及其锌、铜配合物的合成

【实验目的】

1. 学习综合实验设计方法，提高化学实验综合能力。
2. 掌握金属卟啉配合物的化学合成。

【实验原理】

卟啉化学是大环化学的一个分支，卟啉化合物在自然界中广泛存在，有重要的生理作用。卟啉化合物是一类含氮杂环的共轭化合物，其中环上各原子处于一个平面内，结构如图 5-27-1、5-27-2 所示。卟啉环中含有 4 个吡咯环，每 2 个吡咯环在 2 位和 5 位之间由一个次甲基桥相连，在 5，10，15，20 位上也可键合 4 个取代苯基，形成四取代苯基卟啉。卟啉环中有交替的单键和双键，由 18 个 π 电子组成共轭体系，具有芳香性。其核磁共振谱中 4 个碳桥原子上的质子的化学位移值为 10 左右，而氮原子上的质子则为 2~5。

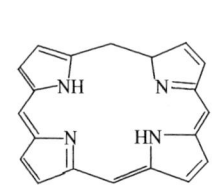

图 5-27-1　卟吩的结构

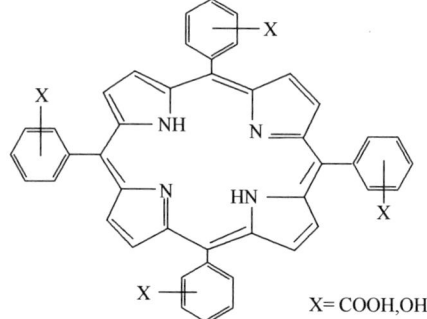

图 5-27-2　取代四苯基卟啉的结构

当两个氮原子上的质子电离后，形成的空腔可以容纳 Fe、Co、Mg、Cu、Zn 等金属离子而形成金属配合物，这些金属配合物都具有一些生理上的作用，如血红素、维生素 B_{12}、细胞色素 C、叶绿素 a 等。

卟啉类化合物具有对光、热良好的稳定性，它的光稳定性、大的可见光消光系数及它在电荷转移过程中的特殊作用，使得它在光电领域的应用受到高度的重视，被用于气体传感器、太阳能的储存、生物模拟氧化反应的催化剂、生物大分子探针，还可作为模拟天然功能物质(如血红蛋白、细胞色素 C、氧化酶等)的母体。金属卟啉配合物被广泛地应用于微量分析等领域。

本实验根据相关专业的特点设计了最简单卟啉化合物即 5，10，15，20-四苯基卟啉的合成的开放性综合实验。其合成路线如下(图 5-27-3)：

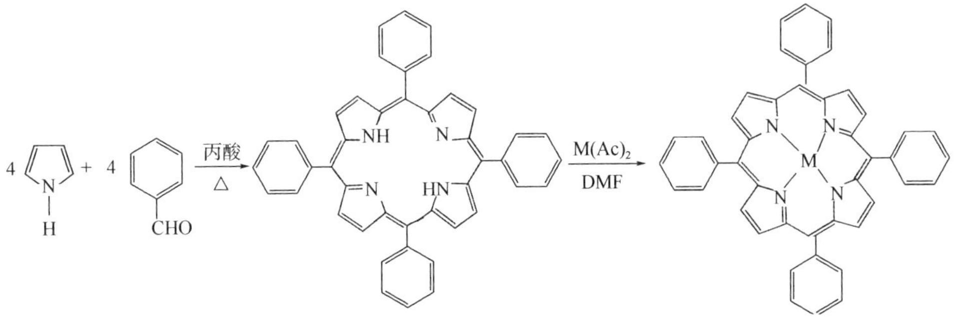

图 5-27-3　5、10、15、20-四苯基卟啉的合成

【主要仪器和试剂、材料】

仪器：紫外可可见分光光度仪；量筒；容量瓶；三口烧瓶；二口烧瓶；恒压滴液漏斗；烧杯；电磁搅拌器；回流冷凝管；旋转蒸发仪；抽滤装置；层析柱；真空干燥器。

试剂：丙酸；氢氧化钠；苯甲醛；吡咯；乙酸铜、乙酸锌；DMF(二甲基甲酰胺)；无水乙醇；无水乙醚；三氯甲烷；丙酮；环己烷；薄板层析硅胶；柱层析硅胶。

【实验内容】

1. 卟啉化合物的合成与分离　在 250mL 的三口烧瓶中加入 7.5g(约 0.05mol)苯甲醛及 150mL 丙酸，加热至沸腾，再滴加新蒸吡咯 3.5g(约 0.05mol)与 10mL 丙酸的溶液，在 5min 内加完，继续加热回流 45min，然后改为蒸馏装置，减压蒸出约 120mL 丙酸后，冷却 4h(此间，做层析薄板并在 120 ℃下活化 2h)，过滤，粗产物用少量乙醚洗涤，得紫色固体。用层析薄板选择合适的淋洗剂(通常在三氯甲烷、环己烷、无水乙醇、乙酸乙酯、丙酮中选择单一溶剂或混合溶剂)，然后进行柱层析，收集红色带，溶液旋转蒸发至干，置干燥器中干燥并用氮气保护，备用。

2. 金属(铜、锌)卟啉配合物的合成与分离　在 25mL 的二口烧瓶中加入 0.12～0.15g 中位二、四[对羟基(或羧基)苯基]卟啉和 8mL DMF，在 N_2 保护下搅拌加热，至 100 ℃时加入 10 倍卟啉物质的量比的乙酸铜或乙酸锌，继续加热至回流，并保持回流状态 20～30min。然后将产物倒入 300mL 冰水中，陈化 2～3h，抽滤，将得到的固体在烘箱中烘干(70～80 ℃)。在陈化过程中制作薄板层析硅胶板，并与柱层析硅胶一并活化，活化条件为 120 ℃，2h。选择合适的淋洗剂，然后进行柱层析，收集金属卟啉配合物，旋转蒸发，置干燥器中干燥并用氮气保护，备用。

3. 卟啉化合物与金属卟啉配合物的紫外可见光谱性质

(1) 取 1mL 金属卟啉配合物乙醇溶液与 1mL 不同浓度的咪唑乙醇溶液反应的

紫外图谱，时间大约为 15min，分别测定图中特定波长下(412nm，435nm)的吸收峰值。

(2) 在比色池中加入 1mL 卟啉钴，再加入 1mL 1 号咪唑溶液，记录时间。每隔 1min 记录 412nm 及 435nm 波长处的吸光度值；每隔 5min 扫描 380～480nm 的紫外可见区图谱。

(3) 分别用 2 号、3 号、4 号咪唑溶液代替 1 号溶液，重复步骤(4)，记录数据并作图。

(4) 改变金属卟啉配合物的浓度，固定咪唑浓度再进行测定，并记录特定波长下(412nm，435nm)的吸收峰值。最后，做卟啉化合物的红外光谱图及 NMR 图，以确证所合成的卟啉及金属卟啉化合物为目标化合物。

【注意事项】

1. 丙酸具有强腐蚀性。
2. 本实验若采用机械搅拌，合成装置安装须在老师指导下完成。

【思考题与讨论】

1. 请设计合成铁、锰的卟啉配位化合物。
2. 合成温度过高对产率有何影响？

（陆家政）

实验二十八 水的纯化及其纯度检测

【实验目的】

1. 掌握蒸馏法制备纯水的原理。
2. 学习纯水纯度的检测方法。
3. 学习蒸馏装置和电导率仪的使用。

【实验原理】

1. 蒸馏法纯化自来水　水广泛存在于自然界中，其中的不溶性杂质可以通过过滤的方法去除，其他可溶性杂质可通过蒸馏、离子交换等方法去除。水中主要含有 Na^+、Mg^{2+}、Ca^{2+} 的碳酸盐和酸式碳酸盐、硫酸盐和氯化物等难挥发性组分，以及少量的有机物及气体。采用蒸馏法对自来水进行纯化时，水在蒸馏装置中加热至沸腾汽化为水蒸气，通过冷凝装置将水蒸气凝聚为液态变为纯水(蒸馏装置如图 5-28-1 所示)。蒸馏过程中非挥发性组分残留在容器中，挥发性组分进入初始馏分中，收集中段馏分得到纯水。蒸馏法简单易操作，制备成本较低，可以除去水中的难挥发性杂质、易挥发的有机物和部分气体。

2. 纯度的检测　根据使用要求的高低可将纯水分为三级。三级水适用于一般的化学分析实验，是使用最多的纯水，也是制备二级水和一级水的原料。由于三级水一般采用蒸馏的方法制备，所以也被称作蒸馏水。目前，除了蒸馏法外也多采用离子交换法、反渗透法等制备。二级水适用于痕量分析实验中,多采用二次或多次蒸馏的方法进行制备。注射用水为二级水,需用三级水制备。一级水适用于有严格要求的分析实验,制备时需使用石英设备对二级水进行蒸馏,然后经微孔滤膜过滤制取。灭菌注射用水为一级水,需用二级水制备。本实验使用自来水采用蒸馏的方法制备三级纯水,主要检测纯水中 Cl^-、SO_4^{2-} 和 Fe^{3+}、Ca^{2+}、Mg^{2+}、Pb^{2+}、Al^{3+} 等常见金属离子,以及纯水的 pH 值和电导率。

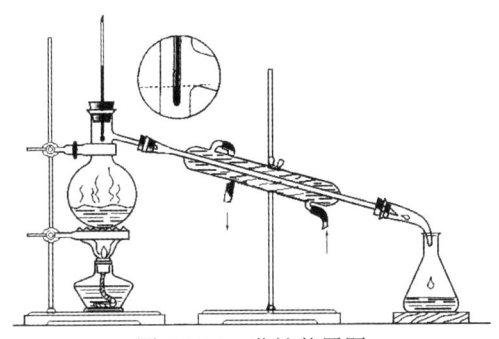

图 5-28-1　蒸馏装置图

(1) 检测 Cl^-：$Cl^- + Ag^+ \longrightarrow AgCl\downarrow$(白色)

　　检测 SO_4^{2-}：$SO_4^{2-} + Ba^{2+} \longrightarrow BaSO_4\downarrow$(白色)

(2) 检测金属离子：较为简单的检测方法是络合显色法。大部分金属离子在 pH=10 时可以与铬黑 T 形成红紫色络合物。若纯水中未含有大量金属离子,则铬黑 T 游离在溶液中,显蓝色。

(3) pH 检测：纯水电导率较低会引起 pH 计测量结果不稳定,故不建议使用普通 pH 计检测纯水的 pH。在 25℃时三级水的 pH 为 5.0~7.5,可以采用指示剂甲基红(变色范围 4.4~6.2,红~黄)和溴百里酚蓝(变色范围 6.0~7.6,黄~蓝)检测。加入甲基红后溶液不得显红色,加溴百里酚蓝后溶液不得显蓝色。

(4) 电导率检测：自来水经过纯化后,水中的阴、阳离子数目大大减少,导电能力减弱,电导率降低,所以水的纯度越高,电导率越低。在 25℃时,三级纯水的电导率应不高于 0.5mS/m(或 5μS/cm)。

【主要仪器和试剂、材料】

1. 仪器　100mL 圆底烧瓶、冷凝管、蒸馏头、接液管、锥形瓶、温度计、酒精灯或电热套、量筒、烧杯、试管、滴管、铁架台、DDS-12A 型电导率仪(图 5-28-2)、DJS-1 型光亮电极等。

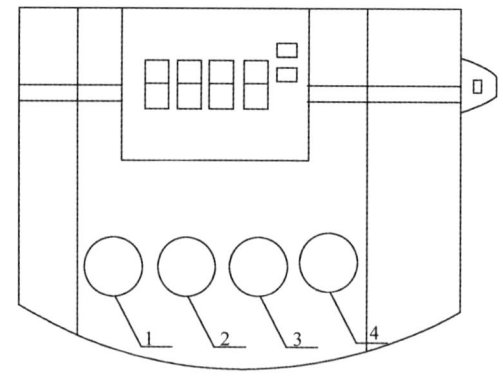

图 5-28-2 DDS-12A 型电导率仪示意图
1. 温度调节旋钮；2. 校正测量选择开关；3. 常数旋钮；4. 量程旋钮

2. 试剂　甲基红指示剂、溴百里酚蓝指示剂、1%硝酸银溶液、4mol/L HNO$_3$、1mol/L BaCl$_2$ 溶液、pH=10 氯化铵-氨水缓冲溶液、铬黑 T 指示剂、0.01000mol/L KCl 标准溶液等。

【实验内容】

1. 水的纯化　量取 60mL 的自来水倒入圆底烧瓶中，搭好蒸馏装置，打开冷凝水后加热圆底烧瓶。观察温度计，其数值稳定之前的馏分应弃去。蒸馏完毕关闭热源后关闭冷凝水，所得馏分即为纯化水。

2. 纯度检测

(1) 检测 Cl$^-$：取纯化后的水 5mL，加入 1mL 4mol/L HNO$_3$ 酸化后滴加 1%硝酸银溶液，摇匀后观察溶液性状。

检测 SO$_4^{2-}$：取纯化后的水 5mL，加入 1mol/L BaCl$_2$ 溶液 1mL，摇匀后观察溶液性状。

(2) 检测金属离子：取纯化后的水 5mL，加入 pH=10 氯化铵-氨水缓冲溶液 2mL，再加入少许铬黑 T 指示剂，摇匀后观察溶液颜色。

(3) 检测 pH：取纯化后的水 5mL，加甲基红指示液 1 滴，观察溶液颜色；另取 5mL，加溴百里酚蓝指示液 2 滴，观察溶液颜色。

(4) 检测电导率：首先用 0.01000mol/L KCl 标准溶液校正仪器。取适量 0.01000mol/L KCl 标准溶液充分洗涤电极后，将电极浸入 KCl 标准溶液中并测量溶液温度。旋转温度补偿旋钮直至与实际温度相符，选择校正开关，量程开关选择高周 200μS/cm 量程，调节电极常数旋钮使电导率显示 1409μS/cm 即可。测量纯化后的水的电导率，首先用待测水清洗电极，将电极浸入待测水中，旋转温度补偿旋钮直至与实际温度相符，选择测量开关，量程开关选择低周 20μS/cm 量程，待读数稳定后记录电导率仪显示数据，该数据即为被测水的电导率。

【数据记录与结果处理】

见表 5-28-1。

表 5-28-1　实验结果记录表

项目	实验结果及现象	结论
纯化水体积(mL)		
检测 Cl^-		
检测 SO_4^{2-}		
检测金属离子		
检测 pH 值		
检测电导率/(μS/cm)		

【注意事项】

1. 搭建蒸馏装置时应注意装置的密闭性；温度计水银球的位置应在蒸馏头支管口下端；加热装置前应先打开循环冷凝水；蒸馏后期应注意观察，防止圆底烧瓶干烧发生爆裂。

2. 使用电导率仪进行测量前仪器应预热十分钟左右；测量前应用待测液充分洗涤电极；电极使用完毕应立即清洗干净用滤纸擦干妥善放置。

【思考题与讨论】

1. 为什么纯水的 pH 有可能会低于 7.0？
2. 在使用蒸馏装置时有哪些注意事项？
3. 能否使用紫外-分光光度法来检验纯水？如何检测？

(陈思羽)

实验二十九　二氯化一氯·五氨合钴(Ⅲ)的制备、水合反应速率常数和活化能的测定

【实验目的】

1. 学习二氯化一氯·五氨合钴(Ⅲ)的制备。
2. 掌握水合反应速率常数和活化能的测定方法。
3. 熟悉分光光度计的使用。

【实验原理】

1. 二氯化一氯·五氨合钴(Ⅲ)的制备　在水溶液中，电极反应：

$$[Co(H_2O)_6]^{3+} + e^- \longrightarrow [Co(H_2O)_6]^{2+}$$

的标准电极电势 $\varphi^{\ominus}\{[Co(H_2O)_6]^{3+}/[Co(H_2O)_6]^{2+}\} = 1.84\ V$，$[Co(H_2O)_6]^{2+}$ 的还原性较差，不易被氧化为 $[Co(H_2O)_6]^{3+}$。但在有配位剂存在时，由于 Co(Ⅲ)比 Co(Ⅱ)的配

合物更稳定，从而较容易将 Co(Ⅱ)的配合物氧化为 Co(Ⅲ)的配合物。

在含有氨水和氯化铵的氯化钴溶液中加入 H_2O_2，可以得到$[Co(NH_3)_5H_2O]Cl_3$：

$$2CoCl_2 + 8NH_3 \cdot H_2O + 2NH_4Cl + H_2O_2 \longrightarrow 2[Co(NH_3)_5H_2O]Cl_3 + 8H_2O$$

然后加入浓盐酸，水浴加热，可生成$[Co(NH_3)_5Cl]Cl_2$紫红色晶体：

$$[Co(NH_3)_5H_2O]Cl_3 + HCl(浓) \longrightarrow [Co(NH_3)_5Cl]Cl_2 + H_2O$$

2. 二氯化一氯·五氨合钴(Ⅲ)的水合反应 $[Co(NH_3)_5Cl]Cl_2$在水溶液中发生水合反应，即 H_2O取代配合物中的配体 Cl^-，生成$[Co(NH_3)_5H_2O]Cl_3$：

$$[Co(NH_3)_5Cl]^{2+} + H_2O \longrightarrow [Co(NH_3)_5H_2O]^{3+} + Cl^-$$

该反应可按一级反应处理，反应速率方程为

$$v = -dc([Co(NH_3)_5Cl]^{2+})/dt = kc([Co(NH_3)_5Cl]^{2+})$$

积分得

$$-\ln c([Co(NH_3)_5Cl]^{2+}) = kt + B$$

若以$-\ln c([Co(NH_3)_5Cl]^{2+})$对 t 作图，可得到一直线，其斜率即为反应速率常数 k。

根据 Lambert-Beer 定律，$A = \varepsilon bc$，若用分光光度计测定不同时间点配合物的吸光度 A，并以$-\ln A$ 对 t 作图，也可得到一直线，由其斜率可求得 k。

由于反应产物$[Co(NH_3)_5H_2O]Cl_3$在测定波长 550 nm 下也有吸收，测得的吸光度 A 实际上是反应物$[Co(NH_3)_5Cl]Cl_2$和生成物$[Co(NH_3)_5H_2O]Cl_3$的吸光度之和。因$[Co(NH_3)_5H_2O]Cl_3$的吸光度较小，$\varepsilon_{550nm} = 21.0$ L/(mol·cm)，其瞬时吸光度可近似用反应完成时的吸光度 A_∞代替。故$[Co(NH_3)_5Cl]Cl_2$的瞬时吸光度可用 $A - A_\infty$表示。以$-\ln(A-A_\infty)$对 t 作图，得到一直线，由该直线的斜率可求得水合反应速率常数 k。

根据 Arrhenius 方程，测定不同温度下的水合反应速率常数 k，可以计算出水合反应的活化能 E_a：

$$\lg \frac{k_2}{k_1} = \frac{E_a}{2.303R}\left(\frac{T_2 - T_1}{T_1 T_2}\right)$$

【主要仪器和试剂、材料】

1. 仪器 分析天平、分光光度计、秒表、恒温水浴槽、烧杯、50 mL 容量瓶、量筒、微型过滤装置、烘箱。

2. 试剂 $CoCl_2 \cdot 6H_2O$ 固体、30% H_2O_2 溶液、0.3 mol/L HNO_3 溶液、6.0 mol/L HNO_3 溶液、NH_4Cl 固体、浓氨水、6 mol/L HCl 溶液、浓盐酸、无水乙醇、丙酮、冰。

【实验内容】

1. $[Co(NH_3)_5Cl]Cl_2$的制备 在小烧杯中加入 4 mL 浓氨水与 0.5 g NH_4Cl固体，搅拌使其溶解。在不断搅拌下分数次加入 1 g 研细的 $CoCl_2 \cdot 6H_2O$ 固体，形成黄红色 $[Co(NH_3)_6]Cl_2$ 沉淀。逐滴滴加 1.5～2.0 mL 30% H_2O_2，得到深红色

[Co(NH$_3$)$_5$H$_2$O]Cl$_3$ 溶液。再慢慢加入 3 mL 浓盐酸，生成紫红色 [Co(NH$_3$)$_5$Cl]Cl$_2$ 晶体。水浴加热 15 min 后，冷却至室温，用微型过滤装置抽滤。以 2 mL 冰冷水洗涤沉淀，然后用 2 mL 冰冷的 6 mol/L HCl 溶液洗涤，再用少量乙醇洗涤一次，最后用丙酮洗涤一次。在烘箱中于 100～110℃干燥 1～2 h。称量并计算产率。

2. [Co(NH$_3$)$_5$Cl]Cl$_2$ 水合速度率常数和活化能的测定　称取 0.15 g 制得的 [Co(NH$_3$)$_5$Cl]Cl$_2$ 晶体放入小烧杯中，加少量水，置于水浴中加热使其完全溶解，再转移至 50 mL 容量瓶中。然后加入 2.5 mL 6.0 mol/L HNO$_3$ 溶液，用水定容至刻度。该溶液中配合物浓度为 1.2×10^{-2} mol/L，HNO$_3$ 浓度为 0.3 mol/L。

将上述溶液分成两份，分别置于 60℃和 80℃的恒温水浴中，每隔 5 min 测一次吸光度。当吸光度变化缓慢时，可每隔 10 min 测定一次，直至吸光度无明显变化为止。测定时以 0.3 mol/L HNO$_3$ 溶液为参比，用 1 cm 吸收池在 550 nm 波长下进行测定。分光光度计的使用参考本书实验五。

3. 利用已学过的知识，选择并设计适合的方法，对制得的产物进行组成测定。列出所需试剂、仪器和步骤，经指导教师审核后进行实验。

【数据记录与结果处理】

1. 将不同时间点测得的吸光度记录入表 5-29-1 和表 5-29-2：

表 5-29-1　[Co(NH$_3$)$_5$Cl]Cl$_2$ 水合反应溶液吸光度数值(60℃)

时间 t/min	0	5	10	15	20	25	30	35	40	45	50	55	60
吸光度 A													
$-\ln(A-A_\infty)$													

表 5-29-2　[Co(NH$_3$)$_5$Cl]Cl$_2$ 水合反应溶液吸光度数值(80℃)

时间 t/min	0	5	10	15	20	25	30	35	40	45	50	55	60
吸光度 A													
$-\ln(A-A_\infty)$													

2. 以 $-\ln(A-A_\infty)$ 对 t 作图，利用直线斜率计算水合反应速率常数 k。由 60℃的 k_{60} 和 80℃的 k_{80} 计算水合反应的活化能 E_a。

【注意事项】

1. 浓盐酸、30% H$_2$O$_2$ 溶液均具有腐蚀性，使用时需注意安全。

2. [Co(NH$_3$)$_5$Cl]Cl$_2$ 晶体呈紫红色，但实际制得的产物中常混有其他颜色的杂质，这是因为钴的配合物会随 Cl、NH$_3$ 的比值不同而呈现不同颜色。

3. 测定 80℃下水合反应速率常数 k 时，由于水浴锅内大量水蒸气进入所测溶液，使溶液因稀释而颜色明显变浅，从而对测量结果造成影响，测量时间越长，这种影响就越严重。

4. [Co(NH$_3$)$_5$Cl]Cl$_2$ 相对分子质量为 250.5，相对密度为 1.819(25℃)，受热时

分解，不溶于乙醇，难溶于水。

5. 实验参考数值：k_{60} 为 6.0×10^{-3}～1.6×10^{-2}/min，k_{80} 为 2.4×10^{-2}～3.5×10^{-2}/min，E_a 为 60～70 kJ/mol。

【思考题与讨论】

1. 在制备$[Co(NH_3)_6]Cl_2$ 的反应中，为何需要将 $CoCl_2\cdot 6H_2O$ 固体分批加入浓氨水与氯化铵的混合溶液中？

2. 将抽滤得到的$[Co(NH_3)_5Cl]Cl_2$ 晶体用冰冷的水和盐酸溶液，以及乙醇、丙酮依次洗涤，其作用分别是什么？

3. 分析反应机理，说明为什么$[Co(NH_3)_5Cl]Cl_2$ 的水合反应符合一级反应的规律。

4. 如何计算 A_∞？本实验中 A_∞ 的数值是多少？

5. 以 $-\ln(A-A_\infty)$ 对 t 作图时，数据点偏离直线的原因有哪些？

(叶建涛)

参考文献

蔡维平. 2004. 基础化学实验. 北京：科学出版社.
曹凤歧. 2006. 无机化学实验与指导. 北京：中国医药科学出版社
陈素一，冼育剑，秦秀英，等. 2009. 由废铁屑制备三氯化铁晶体的方案探讨.华夏医学， 22(03)：496-498.
高明慧. 2013. 无机、分析和物理化学实验. 北京：化学工业出版社
古国榜，李朴，展树中. 2014. 无机化学实验. 北京：化学工业出版社.
国家食品药品监督管理局执业药师资格认证中心. 2014. 中药学专业知识(二). 北京：中国医药科技出版社.
国家药典委员会. 2015. 中华人民共和国药典(四部). 北京：中国医药科技出版社.
国家药典委员会. 2015. 中华人民共和国药典(一部). 北京：中国医药科技出版社.
居学海.2007. 大学化学实验 4. 北京：化学工业出版社
李成义，周立社，杨玉梅. 2011. 医学化学实验教程. 北京：科学出版社.
李群英，李兰英. 2009. 纯化水、注射用水和灭菌注射用水的质量分析及比较. 卫生职业教育，13：117-118.
李硕凡，黄莺，林亦晖，等. 2007. 锌焙砂制备硫酸锌及主含量测定实验综合化教学实践. 教育理论与实践，27：68-69.
李雪华，黄燕军，李福森，等. 2009. 基础化学实验.第 2 版. 北京：人民卫生出版社.
刘红斌，马军. 2012. 有关中国药典 2010 年版制药用水的相关规定. 第五届全国医药行业膜分离技术应用研讨会论
　　文集.南京：28-31.
刘约权，李贵深. 2004. 实验化学.第 2 版. 北京：高等教育出版社.
陆家政. 2009. 无机化学 Inorganic Chemistry. 北京：化学工业出版社.
石俊英. 2011. 中药鉴定学.第 2 版.北京：中国医药科技出版社：528-538.
史苏华. 2011. 无机化学实验. 武汉：华中科技大学出版社.
魏祖期，李雪华. 2014. 基础化学实验(中英对照版). 第 3 版. 北京：人民卫生出版社.
吴茂英，肖楚民. 2008. 微型无机化学实验. 北京：化学工业出版社.
吴茂英，肖楚民. 2012. 微型无机化学实验.第 2 版.北京：化学工业出版社.
杨怀霞，刘幸平. 2014. 无机化学实验. 北京：中国医药科学出版社.
袁天佑，吴文伟. 2005. 无机化学实验. 上海：华东理工大学出版社.
张金桐，叶非. 2010. 实验化学. 第 2 版. 北京：中国农业出版社.
张天蓝，姜凤超. 2011. 无机化学. 第 6 版.北京：人民卫生出版社.
张雯. 2014. 化学综合实验. 西安：西安交通大学出版社.
张勇. 2005. 现代化学基础实验. 第 2 版.北京：科学出版社.
中山大学无机化学教研室. 2014. 无机化学实验.北京：高等教育出版社.
周怀宁. 2000. 微型无机化学实验. 北京：科学出版社.
朱琳，徐春祥. 2005. 无机化学实验. 北京：高等教育出版社.

附　录

附录一　国际单位制的基本单位

物理量的名称	单位名称	单位符号
长度(L)	米(meter)	M
质量(m)	千克(kilogram)	Kg
时间(t)	秒(second)	S
电流(I)	安[培](Ampere)	A
热力学温度(T)	开[尔文](Kelvin)	K
物质的量(n)	摩[尔](mole)	Mol
发光强度(Iv, I)	坎[德拉](candela)	cd

附录二　相对原子质量(1995年国际原子量)

元素	符号	相对原子质量	元素	符号	相对原子质量	元素	符号	相对原子质量
银	Ag	107.87	铪	Hf	178.49	铷	Rb	85.468
铝	Al	26.982	汞	Hg	200.59	铼	Re	186.21
氩	Ar	39.948	钬	Ho	164.93	铑	Rh	102.91
砷	As	74.922	碘	I	126.90	钌	Ru	101.07
金	Au	196.97	铟	In	114.82	硫	S	32.066
硼	B	10.811	铱	Ir	192.22	锑	Sb	121.76
钡	Ba	137.33	钾	K	39.098	钪	Sc	44.956
铍	Be	9.0122	氪	Kr	83.80	硒	Se	78.96
铋	Bi	208.98	镧	La	138.91	硅	Si	28.086
溴	Br	79.904	锂	Li	6.941	钐	Sm	150.36
碳	C	12.011	镥	Lu	174.97	锡	Sn	118.71
钙	Ca	40.078	镁	Mg	24.305	锶	Sr	87.62
镉	Cd	112.41	锰	Mn	54.938	钽	Ta	180.95
铈	Ce	140.12	钼	Mo	95.94	铽	Tb	158.9
氯	Cl	35.453	氮	N	14.007	碲	Te	127.60
钴	Co	58.933	钠	Na	22.990	钍	Th	232.04
铬	Cr	51.996	铌	Nb	92.906	钛	Tl	47.867
铯	Cs	132.91	钕	Nd	144.24	铊	Ti	204.38
铜	Cu	63.546	氖	Ne	20.180	铥	Tm	168.93
镝	Dy	162.50	镍	Ni	58.693	铀	U	238.03
铒	Er	167.26	镎	Np	237.05	钒	V	50.942
铕	Eu	151.96	氧	O	15.999	钨	W	183.84

续表

元素	符号	相对原子质量	元素	符号	相对原子质量	元素	符号	相对原子质量
氟	F	18.998	锇	Os	190.23	氙	Xe	131.29
铁	Fe	55.845	磷	P	30.974	钇	Y	88.906
镓	Ga	69.723	铅	Pb	207.2	镱	Yb	173.04
钆	Gd	157.25	钯	Pd	106.42	锌	Zn	65.39
锗	Ge	72.61	镨	Pr	140.91	锆	Zr	91.224
氢	H	1.0079	铂	Pt	195.08			
氦	He	4.0026	镭	Ra	226.03			

附录三 常见化合物的相对分子质量表

分子式	相对分子质量	分子式	相对分子质量
$AgBr$	187.77	$AgNO_3$	169.87
$AgCl$	143.22	$AgSCN$	165.95
AgI	234.77	Al_2O_3	101.96
$AgCN$	133.89	$Al(OH)_3$	78.00
Ag_2CrO_4	331.73	$Al_2(SO_4)_3$	342.14
$Al_2(SO_4)_3 \cdot 18H_2O$	666.41	$H_2C_2O_4$	90.04
As_2O_3	197.84	$H_2C_2O_4 \cdot 2H_2O$	126.07
As_2O_5	229.84	$HC_2H_3O_2(HAc)$	60.05
As_2S_3	246.02	HCl	36.46
As_2S_5	310.14	H_2CO_3	62.03
$BaCl_2$	208.24	$HClO_4$	100.46
$BaCl_2 \cdot 2H_2O$	244.27	HNO_2	47.01
$BaCO_3$	197.34	HNO_3	63.01
BaO	153.33	H_2O	18.02
$Ba(OH)_2$	171.34	H_2O_2	34.02
$BaSO_4$	233.39	H_3PO_4	98.00
BaC_2O_4	225.35	H_2S	34.08
$BaCrO_4$	253.32	HF	20.01
CaO	56.08	FeO	71.85
$CaCO_3$	100.09	Fe_2O_3	159.69
CaC_2O_4	128.10	Fe_3O_4	231.54
$CaCl_2$	110.99	$Fe(OH)_3$	106.87
$CaCl_2 \cdot H_2O$	129.00	$FeSO_4$	151.90
$CaCl_2 \cdot 6H_2O$	219.08	$FeSO_4 \cdot H_2O$	169.92
$Ca(NO_3)_2$	164.09	$FeSO_4 \cdot 7H_2O$	278.01
CaF_2	78.08	$Fe_2(SO_4)_3$	399.87
$Ca(OH)_2$	74.09	$FeSO_4 \cdot (NH_4)_2SO_4 \cdot 6H_2O$	392.13
$CaSO_4$	136.14	$KAl(SO_4)_2 \cdot 12H_2O$	474.39
$Ca_3(PO_4)_2$	310.18	KBr	119.00

续表

分子式	相对分子质量	分子式	相对分子质量
CO_2	44.01	$KBrO_3$	167.00
CCl_4	153.82	KCl	74.55
Cr_2O_3	151.99	$KClO_3$	122.55
CuO	79.55	$KClO_4$	138.55
CuS	95.61	K_2CO_3	138.21
$CuSO_4$	159.60	KCN	65.12
$CuSO_4 \cdot 5H_2O$	249.68	K_2CrO_4	194.19
$C_4H_6O_3$(乙酸酐)	102.09	$K_2Cr_2O_7$	294.18
$C_7H_6O_2$(苯甲酸)	122.12	$KHC_2O_4 \cdot H_2O$	146.14
$C_7H_5O_2Na$(苯甲酸钠)	144.12	K_2CO_3	138.21
$C_9H_8O_4$(阿司匹林)	180.05	Na_2CO_3	105.989
HI	127.91	$KHC_2O_4 \cdot H_2C_2O_4 \cdot 2H_2O$	254.19
HBr	80.91	$KHC_8H_4O_4$(邻苯二甲酸氢钾)	204.22
HCN	27.03	$KHCO_3$	100.12
H_2SO_3	82.07	KH_2PO_4	136.09
H_2SO_4	98.07	$KHSO_4$	136.16
Hg_2Cl_2	472.09	KI	166.00
$HgCl_2$	271.50	KIO_3	214.00
H_3BO_3	61.83	$KIO_3 \cdot HIO_3$	389.91
$HCOOH$	46.03	$KMnO_4$	158.03

附录四 常见酸碱溶液的相对密度和浓度

名称和化学式	相对密度(20℃)	质量分数/%	质量浓度/(g/ml)	物质的量浓度/(mol/L)
浓盐酸 HCl	1.19	38.0		12
稀盐酸 HCl			10	2.8
稀盐酸 HCl	1.10	20.0		6
浓硝酸 HNO_3	1.42	69.8		16
稀硝酸 HNO_3			10	1.6
稀硝酸 HNO_3	1.2	32.0		6
浓硫酸 H_2SO_4	1.84	98		18
稀硫酸 H_2SO_4			10	1
稀硫酸 H_2SO_4	1.18	24.8		3
浓乙酸 HAc	1.05	90.5		17
稀乙酸 HAc	1.045	36~37		6
高氯酸 $HClO_4$	1.74	74		13
浓氨水 $NH_3 \cdot H_2O$	0.90	25~27		15
稀氨水 $NH_3 \cdot H_2O$		10		6
稀氨水 $NH_3 \cdot H_2O$	1.109	2.5		1.5
氢氧化钠 $NaOH$		10		2.8

附录五 我国化学试剂的等级

级别	纯度分类	代表符号	标签颜色	附注
一级	优级纯	G.R.	绿色	纯度高,杂质极少,用于精密分析和科学研究
二级	分析纯	A.R.	红色	纯度低于优级纯,适用于重要分析和一般性科研
三级	化学纯	C.P.	蓝色	纯度较分析纯差,高于实验试剂,用于工业分析与化学实验
四级	实验试剂	L.R.	黄色	纯度低于化学纯,适用于一般化学实验

附录六 几种常用酸碱指示剂

指示剂名称	变色范围(pH)及颜色	配制方法
甲基橙	(红)3.0～4.4(黄)	0.1g 甲基橙溶于 100mL 水
甲基紫	(黄)0.1～1.5(蓝)	0.1g 甲基紫溶于 100mL 水
甲基红	(红)4.2～6.2(黄)	0.1g 甲基红溶于 100mL 60%乙醇
溴酚蓝	(黄)3.0～4.6(蓝)	0.1g 溴酚蓝溶于 100mL 20%乙醇
溴甲酚绿	(黄)3.8～5.4(蓝)	0.1g 溴甲酚绿溶于 100mL 20%乙醇
溴百里酚蓝	(黄)6.0～7.6(蓝)	0.1g 溴百里酚蓝溶于 100mL 20%乙醇
酚红	(黄)6.8～8.4(红)	0.1g 酚红溶于 100mL 20%乙醇
中性红	(红)6.8～8.0(黄)	0.1g 中性红溶于 100mL 60%乙醇
酚酞	(无)8.2～10.0(红)	0.1g 酚酞溶于 100mL 60%乙醇
百里酚酞	(无)9.3～10.5(蓝)	0.1g 百里酚酞溶于 100mL 90%乙醇

附录七 弱酸和弱碱在水中的解离常数(25℃)

名称	分子式	解离常数 K	pK
砷酸	H_3AsO_4	$K_1=5.8\times10^{-3}$	2.24
		$K_2=1.1\times10^{-7}$	6.96
		$K_3=3.2\times10^{-12}$	11.50
亚砷酸	H_3AsO_3	6.0×10^{-10}	9.23
乙酸	CH_3COOH	1.76×10^{-5}	4.75
甲酸	$HCOOH$	1.80×10^{-4}	3.75
碳酸	H_2CO_3	$K_1=4.3\times10^{-7}$	6.37
		$K_2=5.61\times10^{-11}$	10.25
铬酸	H_2CrO_4	$K_1=1.8\times10^{-1}$	0.74
		$K_2=3.20\times10^{-7}$	6.49
氢氟酸	HF	3.53×10^{-4}	3.45
氢氰酸	HCN	4.93×10^{-10}	9.31
氢硫酸	H_2S	$K_1=9.5\times10^{-8}$	7.02
		$K_2=1.3\times10^{-14}$	13.9
过氧化氢	H_2O_2	2.4×10^{-12}	11.62
次溴酸	$HBrO$	2.06×10^{-9}	8.69
次氯酸	$HClO$	3.0×10^{-8}	7.53
次碘酸	HIO	2.3×10^{-11}	10.64
碘酸	HIO_3	1.69×10^{-1}	0.77

续表

名称	分子式	解离常数 K	pK
高碘酸	HIO_4	2.3×10^{-2}	1.64
亚硝酸	HNO_2	7.1×10^{-4}	3.16
磷酸	H_3PO_4	$K_1=7.52\times 10^{-3}$	2.12
		$K_2=6.23\times 10^{-8}$	7.21
		$K_3=4.4\times 10^{-13}$	12.36
硫酸	H_2SO_4	$K_2=1.02\times 10^{-2}$	1.91
亚硫酸	H_2SO_3	$K_1=1.23\times 10^{-2}$	1.91
		$K_2=6.6\times 10^{-8}$	7.18
草酸	$H_2C_2O_4$	$K_1=5.9\times 10^{-2}$	1.23
		$K_2=6.4\times 10^{-5}$	4.19
酒石酸	$H_2C_4H_4O_6$	$K_1=9.2\times 10^{-4}$	3.036
		$K_2=4.31\times 10^{-5}$	4.366
柠檬酸	$H_3C_6H_5O_7$	$K_1=7.44\times 10^{-4}$	3.13
		$K_2=1.73\times 10^{-5}$	4.76
		$K_3=4.0\times 10^{-7}$	6.40
苯甲酸	C_6H_5COOH	6.46×10^{-5}	4.19
苯酚	C_6H_5OH	1.1×10^{-10}	9.95
氨水	$NH_3\cdot H_2O$	1.76×10^{-5}	4.75
氢氧化钙	$Ca(OH)_2$	$K_1=3.74\times 10^{-3}$	2.43
		$K_2=4.0\times 10^{-2}$	1.40
氢氧化铅	$Pb(OH)_2$	9.6×10^{-4}	3.02
氢氧化银	$AgOH$	1.1×10^{-4}	3.96
氢氧化锌	$Zn(OH)_2$	9.6×10^{-4}	3.02
羟胺	NH_2OH	9.1×10^{-9}	8.04
苯胺	$C_6H_5NH_2$	4.6×10^{-10}	9.34
乙二胺	$H_2NCH_2CH_2NH_2$	$K_1=8.5\times 10^{-5}$	4.07
		$K_2=7.1\times 10^{-8}$	7.15

附录八　常见难溶化合物的溶度积(25℃)

化合物	溶度积	化合物	溶度积
AgAc	1.94×10^{-3}	$BaSO_4$	1.08×10^{-10}
AgBr	5.35×10^{-13}	BaP_2O_7	3.2×10^{-11}
$AgBrO_3$	5.38×10^{-5}	$Ba_3(AsO_4)_2$	8.0×10^{-51}
$AgCH_3COO$	1.94×10^{-3}	$BiAsO_4$	4.43×10^{-10}
AgCN	5.97×10^{-17}	BiOBr	3.0×10^{-7}
AgCl	1.77×10^{-10}	BiOCl	1.8×10^{-31}
AgI	8.52×10^{-17}	$Bi(OH)_3$	4×10^{-31}
$AgIO_3$	3.17×10^{-8}	$BiO(NO_2)$	4.9×10^{-7}

续表

化合物	溶度积	化合物	溶度积
AgN_3	2.8×10^{-9}	$BiO(NO_3)$	2.82×10^{-3}
$AgNO_2$	3.22×10^{-4}	$BiOOH$	4×10^{-10}
$AgOH$	2.0×10^{-8}	$BiOSCN$	1.6×10^{-7}
$AgSCN$	1.03×10^{-12}	$BiPO_4$	1.3×10^{-23}
$AgSeCN$	4.0×10^{-16}	Bi_2S_3	1.82×10^{-99}
Ag_2CO_3	8.46×10^{-12}	$CaCO_3$	3.36×10^{-9}
$Ag_2C_2O_4$	5.40×10^{-12}	CaC_2O_4	1.46×10^{-10}
$Ag_2[Co(NO_2)_6]$	8.5×10^{-21}	$CaC_2O_4 \cdot H_2O$	2.32×10^{-9}
Ag_2CrO_4	1.12×10^{-12}	$CaCrO_4$	7.1×10^{-4}
$Ag_2Cr_2O_7$	2.0×10^{-7}	CaF_2	3.45×10^{-11}
Ag_2S	6.3×10^{-50}	$CaHPO_4$	1.0×10^{-7}
Ag_2SO_3	1.50×10^{-14}	$Ca(IO_3)_2$	6.47×10^{-6}
Ag_2SO_4	1.20×10^{-5}	$Ca(IO_3)_2 \cdot 6H_2O$	7.10×10^{-7}
Ag_3AsO_3	1.0×10^{-17}	$Ca(OH)_2$	5.02×10^{-6}
Ag_3AsO_4	1.03×10^{-22}	$CaSO_3$	6.8×10^{-8}
Ag_3PO_4	8.89×10^{-17}	$CaSO_4$	4.93×10^{-5}
$Ag_4[Fe(CN)_6]$	1.6×10^{-41}	$CaSO_4 \cdot 0.5H_2O$	3.1×10^{-7}
$Al(OH)_3$	1.1×10^{-33}	$CaSO_4 \cdot 2H_2O$	3.14×10^{-5}
$AlPO_4$	9.84×10^{-21}	$CaSiO_3$	2.5×10^{-8}
As_2S_3	2.1×10^{-22}	$Ca_3(PO_4)_2$	2.07×10^{-33}
$BaCO_3$	2.58×10^{-9}	$Cd(CN)_2$	1.0×10^{-8}
BaC_2O_4	1.6×10^{-7}	$CdCO_3$	1.0×10^{-12}
$BaCrO_4$	1.17×10^{-10}	$CdC_2O_4 \cdot 3H_2O$	1.42×10^{-8}
BaF_2	1.84×10^{-7}	CdF_2	6.44×10^{-3}
$BaHPO_4$	3.2×10^{-7}	$Cd(IO_3)_2$	2.5×10^{-8}
$Ba(IO_3)_2$	4.01×10^{-9}	$Cd(OH)_2$	7.2×10^{-15}
$Ba(IO_3)_2 \cdot 2H_2O$	1.5×10^{-9}	CdS	1.40×10^{-29}
$Ba(IO_3)_2 \cdot H_2O$	1.67×10^{-9}	$Cd_2[Fe(CN)_6]$	3.2×10^{-17}
$Ba(MnO_4)_2$	2.5×10^{-10}	$Cd_3(AsO_4)_2$	2.2×10^{-33}
$Ba(NO_3)_2$	4.64×10^{-3}	$Cd_3(PO_4)_2$	2.53×10^{-33}
$Ba(OH)_2$	5×10^{-3}	$CoCO_3$	1.4×10^{-13}
$Ba(OH)_2 \cdot 8H_2O$	2.55×10^{-4}	CoC_2O_4	6.3×10^{-8}
$BaSO_3$	5.0×10^{-10}	$Co(IO_3)_2 \cdot 2H_2O$	1.21×10^{-2}
$Co(OH)_2$ [粉红色]	1.09×10^{-15}	Hg_2Br_2	6.40×10^{-23}
$Co(OH)_2$ [蓝色]	5.92×10^{-15}	$Hg_2(CN)_2$	5×10^{-40}

续表

化合物	溶度积	化合物	溶度积
$Co(OH)_3$	1.6×10^{-44}	Hg_2CO_3	3.6×10^{-17}
$\alpha\text{-CoS}$	4.0×10^{-21}	$Hg_2C_2O_4$	1.75×10^{-13}
$\beta\text{-CoS}$	2.0×10^{-25}	Hg_2Cl_2	1.43×10^{-18}
$\gamma\text{-CoS}$	3.0×10^{-26}	Hg_2CrO_4	2.0×10^{-9}
$Co_2[Fe(CN)_6]$	1.8×10^{-15}	Hg_2F_2	3.10×10^{-6}
$Co_3(AsO_4)_2$	6.80×10^{-29}	Hg_2HPO_4	4.0×10^{-13}
$Co_3(PO_4)_2$	2.05×10^{-35}	Hg_2I_2	5.2×10^{-29}
$CrAsO_4$	7.7×10^{-21}	$Hg_2(IO_3)_2$	2.0×10^{-14}
CrF_3	6.6×10^{-11}	$Hg_2(OH)_2$	2.0×10^{-24}
$Cr(OH)_3$	6.3×10^{-31}	Hg_2S	1.0×10^{-47}
$CuBr$	6.27×10^{-9}	$Hg_2(SCN)_2$	3.2×10^{-20}
$CuCN$	3.47×10^{-20}	Hg_2SO_3	1.0×10^{-27}
$CuCO_3$	1.4×10^{-10}	Hg_2SO_4	6.5×10^{-7}
CuC_2O_4	4.43×10^{-10}	$KClO_4$	1.05×10^{-2}
$CuCl$	1.72×10^{-7}	$KHC_4H_4O_6$[酒石酸氢钾]	3×10^{-4}
$CuCrO_4$	3.6×10^{-6}	KIO_4	3.71×10^{-4}
CuI	1.27×10^{-12}	$K_2Na[Co(NO_2)_6] \cdot H_2O$	2.2×10^{-11}
$Cu(IO_3)_2$	7.4×10^{-8}	$K_2[PdCl_6]$	6.0×10^{-6}
$Cu(IO_3)_2 \cdot H_2O$	6.94×10^{-8}	$K_2[PtBr_6]$	6.3×10^{-5}
$CuOH$	1×10^{-14}	$K_2[PtCl_6]$	7.48×10^{-6}
CuS	1.27×10^{-36}	Li_2CO_3	8.15×10^{-4}
$CuSCN$	1.77×10^{-13}	LiF	1.84×10^{-3}
$Cu_2[Fe(CN)_6]$	1.3×10^{-16}	$MgCO_3$	6.82×10^{-6}
$Cu_2P_2O_7$	8.3×10^{-16}	$MgCO_3 \cdot 3H_2O$	2.38×10^{-6}
Cu_2S	2.26×10^{-48}	$MgCO_3 \cdot 5H_2O$	3.79×10^{-6}
$Cu_3(AsO_4)_2$	7.95×10^{-36}	MgF_2	5.16×10^{-11}
$Cu_3(PO_4)_2$	1.40×10^{-37}	$MgHPO_4 \cdot 3H_2O$	1.5×10^{-6}
$FeAsO_4$	5.7×10^{-21}	$Mg(IO_3)_2 \cdot 4H_2O$	3.2×10^{-3}
$FeCO_3$	3.13×10^{-11}	$Mg(OH)_2$	5.61×10^{-12}
FeF_2	2.36×10^{-6}	$Mg_3(PO_4)_2$	1.04×10^{-24}
$Fe(OH)_2$	4.87×10^{-17}	$MnCO_3$	2.24×10^{-11}
$Fe(OH)_3$	2.79×10^{-39}	$MnC_2O_4 \cdot 2H_2O$	1.70×10^{-7}
$FePO_4$	1.3×10^{-22}	$Mn(IO_3)_2$	4.37×10^{-7}
$FePO_4 \cdot 2H_2O$	9.92×10^{-29}	$Mn(OH)_2$	2.06×10^{-13}
$Fe(P_2O_7)_3$	3×10^{-23}	MnS	4.65×10^{-14}

续表

化合物	溶度积	化合物	溶度积
FeS	1.3×10^{-18}	$Mn_2[Fe(CN)_6]$	8.0×10^{-13}
Fe_2S_3	1×10^{-88}	$Mn_3(AsO_4)_2$	1.9×10^{-29}
HgC_2O_4	1.0×10^{-7}	$(NH_4)_2PtCl_6$	9.0×10^{-6}
HgI_2	2.9×10^{-29}	$NiCO_3$	1.42×10^{-7}
$Hg(OH)_2$	3.13×10^{-26}	NiC_2O_4	4×10^{-10}
HgS	6.44×10^{-53}	$Ni(IO_3)_2$	4.71×10^{-5}
$Ni(OH)_2$	5.48×10^{-16}	SnS	1.0×10^{-25}
NiS	1.07×10^{-21}	SnS_2	2.5×10^{-27}
α-NiS	3×10^{-19}	$SrCO_3$	5.60×10^{-10}
β-NiS	1×10^{-24}	SrC_2O_4	5.61×10^{-7}
γ-NiS	2×10^{-26}	$SrC_2O_4 \cdot H_2O$	1.6×10^{-7}
$Ni_2[Fe(CN)_6]$	1.3×10^{-15}	SrF_2	4.33×10^{-9}
$Ni_3(AsO_4)_2$	3.1×10^{-26}	$Sr(IO_3)_2$	1.14×10^{-7}
$Ni_3(PO_4)_2$	4.74×10^{-32}	$Sr(IO_3)_2 \cdot 6H_2O$	4.65×10^{-7}
$Pb(Ac)_2$	1.8×10^{-3}	$Sr(IO_3)_2 \cdot H_2O$	3.58×10^{-7}
$PbBr_2$	6.60×10^{-6}	$Sr(OH)_2$	3.2×10^{-4}
$Pb(BrO_3)_2$	2.0×10^{-2}	$SrSO_3$	4×10^{-8}
$PbCO_3$	7.4×10^{-14}	$SrSO_4$	3.44×10^{-7}
PbC_2O_4	8.51×10^{-10}	$Sr_3(AsO_4)_2$	4.29×10^{-19}
$PbCl_2$	1.70×10^{-5}	$Sr_3(PO_4)_2$	4.0×10^{-28}
$PbCrO_4$	2.8×10^{-13}	$ZnCO_3$	1.46×10^{-10}
PbF_2	3.3×10^{-8}	$ZnCO_3 \cdot H_2O$	5.41×10^{-11}
$PbHPO_4$	1.3×10^{-10}	ZnC_2O_4	2.7×10^{-8}
PbI_2	9.8×10^{-9}	$ZnC_2O_4 \cdot 2H_2O$	1.38×10^{-9}
$Pb(IO_3)_2$	3.69×10^{-13}	ZnF_2	3.04×10^{-2}
$Pb(OH)_2$	1.42×10^{-20}	$Zn[Hg(SCN)_4]$	2.2×10^{-7}
PbOHCl	2×10^{-14}	$Zn(IO_3)_2$	4.29×10^{-6}
PbS	9.04×10^{-29}	γ-$Zn(OH)_2$	6.86×10^{-17}
$Pb(SCN)_2$	2.11×10^{-5}	β-$Zn(OH)_2$	7.71×10^{-17}
PbS_2O_3	4.0×10^{-7}	ε-$Zn(OH)_2$	4.12×10^{-17}
$PbSO_4$	2.53×10^{-8}	ZnS	2.93×10^{-25}
$Pb_3(PO_4)_2$	8.0×10^{-43}	α-ZnS	1.6×10^{-24}
$Pd(SCN)_2$	4.39×10^{-23}	β-ZnS	2.5×10^{-22}
PdS	2×10^{-37}	$ZnSeO_3$	2.6×10^{-7}
PtS	1×10^{-52}	$Zn_2[Fe(CN)_6]$	4.0×10^{-16}

续表

化合物	溶度积	化合物	溶度积
$Sb(OH)_3$	4.0×10^{-42}	$Zn_3(AsO_4)_2$	3.12×10^{-28}
Sb_2S_3	1.5×10^{-93}	$Zn_3(PO_4)_2$	9.0×10^{-33}
$Sn(OH)_2$	5.45×10^{-27}		

注：资料来源：Weast R C. CRC Handbook of Chemistry and Physics，80th ed. CRC Press，1999-2000.

附录九　EDTA 与部分金属离子螯合物的 $\lg K$ 稳 (20～25℃)

离子	$\lg K$ 稳	离子	$\lg K$ 稳	离子	$\lg K$ 稳
Na^+	1.66	Ce^{3+}	15.98	Ti^{3+}	21.3
Li^+	2.79	Al^{3+}	16.30	Hg^{2+}	21.7
Ag^+	7.20	Co^{2+}	16.31	Sn^{2+}	22.11
Ba^{2+}	7.86	Cd^{2+}	16.46	Sc^{3+}	23.1
Sr^{2+}	8.73	Zn^{2+}	16.50	Th^{4+}	23.2
Mg^{2+}	8.79	TiO^{2+}	17.30	Cr^{3+}	23.4
Be^{2+}	9.2	Pb^{2+}	18.04	Fe^{3+}	25.1
Ca^{2+}	10.96	Ni^{2+}	18.62	Bi^{3+}	27.8
Mn^{2+}	13.87	Cu^{2+}	18.80	ZrO^{2+}	29.5
Fe^{2+}	14.32	Ga^{3+}	20.3	Co^{3+}	36.0